쿠바
알 판 판 알 비노 비노
Al pan pan, al vino vino

CUBA
알 판 판 알 비노 비노

오로가 들려주는 쿠바 이야기

오로, 김경선 글 박정은 그림

너머학교

차례

난 카리브 해 섬나라에서 온 소년

Hola! Yo soy(올라! 요 소이)…… 아, 맞다. 너희는 한국 친구들이지? 방금 엄마와 전화 통화를 했더니 나도 모르게 스페인어가 나와 버렸네! 우리 만났으니까 먼저 인사하자. 우선 눈을 감아 볼래? 그리고 네 앞에 까만 피부에 머리가 곱슬곱슬한 외국 친구가 서 있다고 상상하는 거야. 너희보다 키가 조금 더 크고 나이도 조금 더 많은 친구. 그 친구에게 점점 다가가 봐. 서로 오른쪽 볼을 맞댈 수 있을 정도로 가까이. 쑥스러워 마, 그게 우리 나라에서 인사를 하는 방법이거든. 그리고 서로 눈을 바라보고 웃으며 이렇게 말하는 거야, 올라!

Hola! Yo soy Oro─안녕! 나는 오로라고 해. 나는 쿠바에서 왔어. 만약 쿠바라는 이름이 낯설다면, 이제부터 내 이야기에 귀를 기울여 봐. 내 이야기가 끝날 때쯤 분명 쿠바는 너희 마음속 친구가 되어 있을 테니까.

우선 쿠바가 어디 있을지 많이 궁금할 거야. 미국이랑 엄청 가깝다면 놀라울까? 미국과 쿠바는 같은 아메리카 대륙에 속해 있거든. 미국은 북아메리카에, 쿠바는 중앙아메리카에 위치해 있어. 쿠바를 둘러싸고 있는 바다는 카리브 해, 멕시코 만, 대서양인데, 카리브 해를 사람들이 가장 많이 기억하지. 여느 바다보다 이 카리브 해가 아주 멋져서 그런가 봐. 에메랄드빛과 하늘빛이 아름답게 섞여 있는 바다를 보고 있으면 마치 아주 커다랗고 눈부신 보석을 보고 있는 듯하거든.

이 아름다운 바다를 보려고 해마다 세계 곳곳에서 사람들이 쿠바를 찾아온단다. 쿠바에 놀러 온 사람들은 모두가 행복해 보여. 학생들은 선생님의 꾸지람과 지겨운 숙제에서 해방될 수 있고, 또 어른들은 지긋지긋한 일 더미에서 잠시나마 벗어날 수 있어서 그런 것 같아.

하지만 관광객들만 쿠바의 바다를 좋아하는 건 아니야. 쿠바 사람들도 카리브 해의 아름다움을 만끽하지. 어릴 적 처음 바다를 만났

CUBA

아바나

미국

멕시코

쿠바

카리브 해

대서양

태평양

을 때나 어른이 된 지금도 쿠바의 바다를 찾아가면 난 항상 그 풍광에, 그 아름다움에 감탄하고 빠져든단다.

파란 바다와 새하얀 모래, 그리고 석양 무렵 오렌지 빛깔로 물드는 하늘, 마치 내가 한 폭의 멋진 그림 속에 들어온 듯한 착각을 불러일으킬 정도야.

한번은 두 눈만 빼꼼히 수면 위에 내밀고 바다에 들어가 있던 적이 있었어. 한참을 말이야. 해도 뉘엿뉘엿 지고 있었지. 그런데 난 나오기 싫었어. 바닷물이 나의 온몸을 따뜻이 감싸 주던 그 느낌이 참 좋았거든. '바다'라는 단어만 들어도 그때의 느낌이 몰려와. 바다의 따스한 물이 내 온몸을 적시고 내 발끝에서는 새하얀 모래알이 느껴지는 것 같아.

나는 스페인 말을 해

쿠바가 미국과 같은 아메리카 대륙에 속하지만 같은 언어를 쓰진 않아. 너희도 알다시피 미국은 영어를 쓰지만 쿠바와 주변에 있는 다른 중남미 국가들은 스페인어를 써. 아, 브라질은 빼고! 브라질 친구들은 포르투갈어를 쓰거든. 언젠가 너희가 중남미 국가를 여행하게 될 때 마주치는 사람들에게 먼저 "올라!"라고 인사하면 그 사람들은 분명 환하게 웃어 줄 거야.

그런데 뭔가 이상하지 않아? 쿠바에서 쿠바 말이 아니고 웬 스페인어? 한국에서는 한국어를 쓰는데 말이야.

아주 옛날, 그러니까 나의 할아버지의 할아버지 또 그 할아버지의 할아버지 때 스페인 사람들이 우리 쿠바를 공격했어. 그 전에 쿠바에는 타이노족, 수브타이노족, 구아나아타베예스족 등과 같은 원주민들이 살고 있었지. 스페인 사람들은 쿠바를 점령한 후 땅을 차지하기 위해 수많은 원주민들을 죽이고, 강제로 스페인어를 쓰게 했어. 그때부터 우리 쿠바 사람들 그리고 스페인의 식민지가 된 중남미 국가 사람들이 스페인어를 쓰게 된 거야.

쿠바의 역사를 들으니 한국 역사와 비슷한 점이 있지? 한국이 일본의 식민지가 되어 여러 탄압을 받고, 일본어를 쓰라고 강요받았던 것처럼 쿠바도 스페인의 식민지였던 적이 있었어.

스페인 사람들은 시간이 좀 지난 뒤에 아프리카 사람들을 쿠바로 강제로 데려왔단다. 사탕수수를 기르고 설탕을 만드는 노예가 필요했거든. 난 이 사실을 생각하면 마음이 아파. 사람이 사람을 강제로 끌고 와 노예로 일을 시킨다는 게 말이야. 어느 날 갑자기 다른 나라로 끌려가야만 했던 사람들의 맘은 어땠을까? 얼마나 무서웠을까?

역사를 잊으면 안 되겠지. 과거가 없는 현재와 미래는 없으니까.

쿠바 사람들은 쿠바를 자랑스럽게 여기고 쿠바 문화를 사랑한다.
그래서 다른 나라에서 살면서도 쿠바인이라는 정체성이 강하다.

스페인이 쿠바를 침략한 역사를 잊어서는 안 돼. 하지만 그 역사 때문에 스페인의 모든 사람들에게 나쁜 감정을 갖고 싶지는 않아. 그건 옳은 일 같지 않거든.

아 참, 이쯤에서 내 비밀 하나 알려 줄까? 나의 할아버지의 할아버지 또 그 할아버지의 할아버지는 쿠바 땅을 차지하려던 스페인 사람, 쿠바 땅을 지키려던 쿠바 원주민, 그리고 가족들과 헤어져서 다른 나라에서 힘들게 노예 생활을 한 아프리카 사람 모두라는 거야. 왜인지 아니? 내 몸엔 이들의 피가 다 흐르고 있거든.

쿠바에는 하나의 민족만 있는 게 아니라 여러 민족이 어울려 살고 있기 때문이야. 쿠바에 온 낯선 이방인들과, 원래 쿠바에 살고 있던 사람들이 오랜 세월 쿠바라는 곳에서 지내면서, 가끔 싸우기도 했겠지만 결국은 한 나라의 국민이라는 가족이 된 거야.

어쩌면 내 안엔 너희처럼 아시아인의 피도 섞여 있을지 몰라. 아시아인도 쿠바로 많이 건너왔거든. 1921년 3월에는 한국인이 한꺼번에 오기도 했어. 1905년 멕시코로 이주했던 1,033명의 한국인들 중 288명이 그곳에서의 고단한 삶을 끝내고 더 나은 생활을 꿈꾸며 쿠바로 왔지.

쿠바가 아닌 이곳 한국에 사는 너희는 어떻게 생각할까? 우리는 각자 서로 다른 나라에서 다른 모습으로 살아가고 있지만, 하나하나 거슬러 올라가다 보면 결국 한 지점에서 만나게 될 거라는, 나와 같은 생각을 하고 있을까? 우리 모두는 자연이라는 엄마에게서 똑같은 심장을 나눠 가진 형제자매들이라는 것도 알고 있을까? 너희의 생각이 무척 궁금하다.

우리 가족을 소개할게

쿠바에 대한 이야기는 잠깐 쉬었다 하고 우리 가족에 대해 이야기해 줄게. 어릴 적 우리 가족은 엄마, 아빠, 남동생 그리고 나 이렇게 네 식구였어.

먼저 우리 엄마. 우리 엄마는 강하신 분이야. 어릴 때부터 엄만 내게 말씀하셨어.

"오로, 네가 하는 행동에 항상 책임을 지도록 해라."

엄만 내가 하고자 하는 일을 심하게 막지는 않았어. 내 인생이니까 그 선택권은 항상 내게 있다고 말씀하셨지. 내가 어떤 선택을 하려고 하면 엄마는 "엄마가 보기엔 별로 좋은 방법 같지 않지만, 네가 원한다면 하렴. 그러나 그에 따르는 결과는 달든 쓰든 네 몫이라는 걸 명심하고."라고 말씀하셨어. 내게 '책임감'이라는 단어의 뜻을 정확하게 알려 주신 분이지.

학교에서 동물원에 가기로 한 날이었어. 한껏 멋지게 차려입고 나가고 싶었는데 적당한 신발이 없는 거야. 멋진 신발 한 켤레만 있으면 패션이 완성되는데 그게 없으니까 짜증이 났어. 그런 나를 보고 엄마는 이렇게 말씀하셨어.

"지금 우리 형편으로는 신발을 살 수가 없단다. 네가 짜증을 낸다고 지금의 상황이 달라지진 않겠지? 네 맘을 이해는 하지만 현재를 받아들이는 자세도 필요해."

아마 그때부터였던 것 같아. 현재의 상황을 객관적으로 바라보려고 노력한 게 말이야.

아빠는 나와 동생의 최고의 지지자야. 어릴 적 내가 어떤 가수에게 흥미를 보이면 아빠는 그 가수의 노래를 배워 나에게 불러 주곤 했어. 내가 디자인을 하거나 영화를 만들 때도 아빠는 내가 하는 일을 관찰하고 흥미를 보이셨어. 우리가 하려는 것들에 대해 안 된다고 하시기보단 우리의 관심사에 항상 눈과 귀를 열어 놓으셨지. 그건 우리와 소통하기 위해서였어. 또, 아빠는 항상 우리에게 모든 일을 시도해 보라 하셨어. 관심 있는 걸 발견하면 망설이기보단 도전해서 배우라고 말이야. 인생은 즐겨야 하는 거라고. 그래서 한곳에 묶여 있을 필요도, 한 분야에만 갇혀 있을 필요도 없다고 하셨지.

지금 내가 그림도 그리고, 영화도 찍고, 노래도 부르고 또 이렇게

다섯 살 때의 내 모습.
곁엔 항상 친구처럼 대해 준
부모님이 계셨다.

이야기하는 걸 좋아하는 사람이 될 수 있었던 건 아빠의 가르침 덕분인 것도 같아. 또한 아빠의 가장 큰 장점은 화가 나도 10분이면 풀어지신다는 거야. 아무리 생각해도 아빠에겐 쿠바인 특유의 낙천적인 피가 우리보다 몇 배는 더 많이 흐르는 것 같다니까.

　나와 동생은 아주 많이 달라. 내가 조용히 그림을 그릴 때 동생은 밖에서 뛰어놀며 야구하는 걸 좋아했고, 내가 책을 읽을 때 동생은 음악에 맞춰 춤을 추곤 했지. 어렸을 때 어느 날 난 동생에게 야구와 춤을 좀 줄이고 공부를 하라고 했어. 그랬더니 동생이 말했어.

　"형, 난 야구를 하고 춤을 출 때 기분이 참 좋아. 형이 그림을 그리

동생과 나는 여러 면에서
많이 다르지만 둘 다
춤추기를 좋아한다.

고 책을 읽을 때 느끼는 그 기분처럼.”

이 말을 듣고 가슴속에서 뎅~ 하고 종이 울리는 것 같았어. 그 순간 내가 뭘 느꼈는지 아니? 나의 기준으로 상대방을 평가해선 안 된다는 거. 내가 좋아하지 않는다고 해서 나쁜 게 아니라는 것도 알게 됐지.

난 동생 덕에 춤에 흥미를 붙이게 됐고, 살사라는 춤도 출 수 있게 됐어. 처음엔 춤추는 게 부끄러웠지만 이제는 사람들의 시선을 신경 쓰지 않고 온전히 나의 흥에 취할 수 있을 만큼 춤을 즐기게 되었단다.

쿠바에서도 쌀밥을 먹어

　몇 년 전에 쿠바를 다녀온 한국 친구와 이런저런 이야기를 했어. 그 친구가 말하길, 자기는 쿠바에서 너무 놀랐다는 거야. 생김새와 언어는 달라도 쿠바 사람들의 정서가 한국인들과 너무 비슷해서 말이야. 특히 가족들이 서로 챙기고 아끼는 모습이 꼭 자기 가족과 친척들의 모습 같았대. 미국이나 캐나다 등 다른 나라의 사이좋은 가족들에게서 느껴지는 것과는 다른 느낌이라는 거야. 그 친구는 또 이렇게 말했어.

"한국과 쿠바는 이렇게 멀리 떨어져 있는데 정서와 느낌이 비슷하다는 게 정말 신기해. 게다가 쿠바인들도 주식으로 쌀밥을 먹는다니!"

난 여기서 '빵!' 터지고 말았어. 그 친구 표정이 너무 심각했거든. 가까스로 웃음을 참으며 그게 왜 신기하냐고 물었어.

"난 당연히 쿠바인들이 빵을 주식으로 먹을 줄 알았거든. 어쩌면 먹거리가 같기 때문에 친근감이 느껴지는 것일지도 몰라. 상상이나 했겠어? 지구 반 바퀴를 돌아서도 내가 삼시 세 끼 쌀밥을 먹게 되리라고 말이야!"

방금 말했다시피 우리 쿠바인들도 한국인들처럼 쌀밥을 먹어. 차이가 있다면 밥공기가 아닌 접시에 담은 밥이라는 것. 밥이 매 끼니에 올라오고, 쌀밥에 거의 항상 콩 종류(강낭콩, 팥, 검은콩 등)를 곁들여 먹어. 이 콩밥을 쿠바에서는 아로스 콘 프리홀레스 또는 아로스 콩 그리라고 부르지.

거기에 반찬처럼 토마토 샐러드, 파파스 프리토스(감자튀김), 플라타노스 프리토스(바나나 튀김)를 곁들여 먹어. 플라타노스 프리토스는 바나나를 썰어서 튀긴 거고, 바나나를 꾹 눌러 으깬 뒤 튀긴 토스토네스라는 것도 있어. 한국에서는 과일로만 먹는 바나나를 우리 쿠바

AJIACO
3.00

CUBA

에서는 반찬으로 먹고 있다는 게 신기하지? 너희도 한번 맛보면 그 맛을 잊을 수 없을 거야. 꼴깍, 침이 고인다!

한국 사람들은 설날이면 떡국을 해 먹고 추석이면 송편을 해 먹잖아. 그 모습을 보면서 쿠바에도 이런 명절 음식이 뭐가 있을까 생각해 봤어. 그리고 내 머리에 번뜩 떠오른 음식 이름, 바로 칼도사.

칼도사를 만드는 방법은 엄청 쉬울 수도 엄청 어려울 수도 있어. 무슨 말이냐고? 이 음식은 재료가 정해져 있지 않아. 지금 집에 있는 재료들이 다 이 음식에 들어갈 수 있어. 한국에서 칼도사를 만든다면 음, 어디 보자…… 어제저녁에 먹다 남겨 놓은 삼겹살, 김치를 담그고 남은 배추나 파, 배, 오이 등의 갖은 재료들. 이런 것들을 한데 모아서 큰 솥에 넣고 오랫동안 천천히 끓이기만 하면 되는 거야. 어때? 참 쉽지?

하지만 이렇게 쉽다고 해서 누구나 다 만들 수 있는 게 아니야. 우리 동네에서는 우선 사람들이 각자 집에 있는 이런저런 재료들을 한 소쿠리씩 가지고 모여. 그리고 칼도사를 가장 잘 만드는 사람을 불러오지. 그 사람은 다양한 재료들과 시간과 그리고 자신의 노하우로 맛있는 칼도사를 만들어 내는 거야. 마치 마술처럼 정말 신기하게 맛있는 요리가 된단다.

칼도사 마술사가 음식을 완성하면 동네 사람들이 한자리에 모여 모두 즐겁게 나눠 먹어. 배가 부르다 싶으면 사람들은 춤을 추기 시작하고 흥은 배가 되지. 역시 쿠바인들에게 음악과 춤은 빼놓을 수 없어. 사람들이 모인 자리가 바로 축제의 장이 되는 거야. 동네 사람들하고 다 같이 모여 칼도사를 먹었던 일을 생각하면 내 얼굴엔 웃음꽃이 피어나.

어쩌면 음식의 맛보단 누구와 함께 그 음식을 먹고 즐겼느냐가 더 중요할 거야. 시간이 아주 많이 흐르고 난 뒤 우리가 기억하는 건 그때 혀에서 느껴졌던 음식의 맛보다는 뼛속까지 파고들어 날 들뜨게 했던 그때의 즐거움일 테니까.

옛날 쿠바 원주민들은 아히아코라는 음식을 즐겨 먹었어. 숲이나 뜰에서 구해 온 다양한 재료를 한데 넣고 만든 수프야. 마치 다양한 인종과 문화로 형성된 우리 쿠바와 비슷하다고 해서 우리 쿠바인들조차 자신을 아히아코 같다고 자주 말하곤 해.

이 아히아코가 1959년 쿠바 혁명 이후로 재탄생하게 되는데 그게 바로 앞에서 말한 칼도사야. 다시 말해 칼도사는 아히아코의 현대 버전인 셈이지. 정해진 재료는 없고 사람들이 가져오는 것들이 바로 칼도사의 재료가 된다는 사실, 기억하고 있지? 칼도사가 큰 인기를 끌게 된 건 1990년대 특별 시기(이에 대해선 3장에서 자세히 설명해 줄게)를 거치면서야. 식량이 부족하게 되자 여러 재료를 한데 모아 많은 사람들이 먹을 수 있는 음식이 인기를 끌었거든.

이런 음식 외에도 쿠바에는 코펠리아라는 아주 유명한 아이스크림 가게가 있어. 여기서 파는 초콜릿 아이스크림이 유명하니까 나중에 쿠바에 가면 아바나 시 베다도에 있는 코펠리아에 꼭 가 보도록 해. 어른들은 모히토와 쿠바리브레라는 칵테일, 그리고 크리스털, 부카네로라는 맥주를 많이 마셔.

쿠바에 다양한 인종이 한데 어우러져 살듯이 쿠바 음식 또한 여러 나라의 음식들과 자연스럽게 섞이며 발전했어. 스페인, 아프리카, 카리브 해 주변의 국가, 중국 등 여러 나라의 맛과 시보네이나 타보네스 같은 쿠바 원주민들의 전통적인 맛이 끊임없이 조화를 이루며 지금의 쿠바 음식에 이르게 된 거야. 그래서 말인데 생각할수록 쿠바는 아히아코 같은 곳이다, 그렇지?

2장

카리브 해
섬나라의 사람들

쿠바인들이 모두 좋아하는 영웅이 있다고?

"관타나메라, 과히라 관타나메라……."

이 노래는 '관타나메라(관타나모의 여인)'라는 쿠바의 아주 유명한 노래야. 쿠바인들이 제2의 국가처럼 즐겨 부르는 노래이기도 하지. 쿠바인들뿐 아니라 한국 사람들 중에서도 한 번쯤 이 곡을 들어 본 사람들이 많을 거야.

내가 갑자기 이렇게 유명한 노래 이야기를 꺼낸 이유는 따로 있어. 바로 호세 마르티 Jose Marti (1853~1895)라는 사람을 소개하기 위해서야. 호세 마르티는 쿠바의 유명한 작가이자 독립운동가야. '관타나메라'의 가사는 그의 시집『소박한 노래 Versos sencillos』에 실린 여러 편의 시에서 한 연씩 따온 것이지. 어떤 내용인지 조금만 볼까?

Yo soy un hombre sincero

De donde crece la palma

Y antes de morir yo quiero

Echar mis versos del alma

No me pongan en lo oscuro

A morir como un traidor

Yo soy bueno y como bueno

Moriré de cara al sol

Con los pobres de la tierra

Quiero yo mi suerte echar

El arroyo de la sierra

Me complace más que el mar

나는 야자수가 자라는 나라에서 태어난 신실한 사람.

죽기 전 바라는 건 내 혼이 실린 시를 세상에 바치는 것뿐.

반역자의 최후처럼 날 어둠 속에 가두지 마오.

난 선한 사람이니 죽어도 태양을 향해 눈을 감고 싶소.

이 땅의 가난한 이들과 내 운명을 함께하고 싶네.

산에 흐르는 시냇물이 바다보다 나는 더 좋다네.

참! 내가 노래도 부른다고 이야기했나? 내 노래 중에도 호세 마르티의 시를 바탕으로 만든 노래가 있어. 우정을 노래한 그의 시에서

운을 따와 쿠바인으로서의 정체성을 노래하는 이야기를 담았지. 시와 노랫말을 비교해 보렴.

Cultivo Una Rosa Blanca

Cultivo una rosa blanca en junio como en enero

Para el amigo sincero que me da su mano franca.

Y para el cruel que me arranca el corazón con que vivo

Cardo ni ortiga cultivo, cultivo una rosa blanca.

하얀 장미를 심었네

나는 6월과 1월에 하얀 장미를 심는다네.

나에게 진실된 손을 내미는 친한 벗을 위해서.

나의 심장을 아리게 하는 이를 위해서.

엉겅퀴나 쐐기풀이 아닌 하얀 장미를 심는다네.

Soy Guajiro

Cultive una rosa blanca en julio y viaje en enero

Porque el amigo sincero no me dio su mano franca.

Y cuando el corazón me arranca a recordar donde yo vivo

Hoy regreso a mi cultivo a regar mi rosa blanca.

나는 촌놈이야

난 6월에 하얀 장미를 심고 1월에 떠났지.

나의 친한 벗이 진실된 손을 내밀지 않았기 때문이야.

내 심장이 내가 어디에서 왔는지 일깨워 줄 때쯤

내가 심은 꽃에 다시 가서 물을 줄 거야.

호세 마르티는 쿠바의 독립운동을 이끈 독립운동가이자, 혁명가 그리고 뛰어난 문학가로서 쿠바뿐 아니라 라틴아메리카 전체에 큰 영향을 끼쳤어. 그는 시, 수필, 기사 등과 같은 수많은 글을 통해 새로운 가치관과 사상을 사람들에게 알렸단다.

그는 쿠바의 사회, 문화, 교육 등 여러 분야에 영향을 끼쳤어. 즉 그의 사상은 쿠바 사회를 이루는 기반이라고 할 수 있어. 태어나자마자 가족 다음으로 만나는 사람이 호세 마르티라고 할 정도야. 쿠바인들이 호세 마르티의 시를 노래로 만들어 오랫동안 부르는 건 그를 존경하고 기리는 또 다른 방법이라고 생각해.

너희가 쿠바에 와서 처음 만나게 되는 것 중 하나도 그의 이름일 거야. 바로 아바나에 있는 호세 마르티 공항에서 말이야. 또 베다도

Versos Sencillos

parque **José Martí**

Plaza de la ~~~
José Martí

의 혁명 광장에 가면 호세 마르티가 기념탑에서 위엄 있는 모습으로 앉아 있지. 아바나뿐 아니라 다른 지역에 가도 그의 모습은 쉽게 눈에 띈단다.

특히 우리 엄마는 호세 마르티를 아주 좋아해. 내가 어릴 때부터 엄마는 종종 호세 마르티 말을 인용했어.

"우리 와인이 쓰더라도 그래도 우리 와인이다."

엄마가 자주 쓰던 말 중에 하나야. 살다 보면 엄마 아빠에게 화가 날 때도 있고 형제자매와 싸워 가족이 미울 때도 있지. 하지만 가족은 누구보다 서로 잘 이해할 수 있는 존재이기도 하잖아. 미우나 고우나 우리가 감싸고 보듬어 줘야 하는 존재. 그걸 뜻하는 말인 것 같아.

우리 엄마가 자주 쓰는 표현이 또 하나 있어. 호세 마르티의 말은 아니지만 쿠바뿐 아니라 스페인어를 쓰는 사람이라면 모두 알 만한 표현이야. '알 판 판 이 알 비노 비노Al pan pan y al vino vino'. 운율도 맞고 노래처럼 쉽게 입에 붙지 않니? '빵을 빵이라 부르고, 와인을 와인이라 부른다.'라는 말로 '어떤 상황이든 진실을 말해야 한다.'는 뜻!

거짓말을 좋아하지 않는 난 이 말에 전적으로 공감해. 하지만 매 순간 진실할 수 있다는 게 늘 쉬운 일은 아니라는 것도 알지. 우린 살아가면서 알게 모르게 거짓말을 강요하고 또 강요당하는 것 같거든. 자신들이 듣고 싶은 말을 듣기 위해서 말이야.

오래전에 있었던 일이야. 여자 친구가 나에게 특별 음식을 만들어 준다고 했어. 이야! 어떤 음식이 만들어질까? 나도 내심 궁금하고 기대가 됐어. 짜잔! 드디어 음식이 완성됐고, 기대에 부풀어 한 입 딱 떠먹은 순간, '으악!' 내가 생각한 그 맛이 아니었어. 순간 고민에 빠졌지. 여자 친구를 위해서 맛있다고 거짓말을 해야 하나? 그러면 다음에도 같은 일이 되풀이될 것 같았어. 그럼 난 그때마다 거짓말을 해야 하는 거고.

결국 내가 내린 결론은 "미안하지만 음식이 별로야."였어. 예상대로 여자 친구는 토라져서 몇 시간 동안 나에게 말을 하지 않았어.

이 글을 읽는 친구 중엔 '에이, 오로, 그냥 맛있다고 해 주지! 그래도 오로를 위해서 여자 친구가 해 준 건데, 너무하네!'라고 생각하는 친구들도 분명 있을 거야. 하지만 난 상대방의 비판에 의연하게 행동하는 법도 배워야 한다고 생각해. 우린 어른이었으니까.

상대방이 내가 원하는 대답을 해 주지 않았다고 해서 토라지기보다는 그럴 수도 있다고 생각하는 자세가 필요하지 않을까? 그럼 누군가를 미워하는 맘이 생기는 일도, 소중한 관계가 틀어지는 일도 없을 거야. 물론 모든 상황에서 진실할 수 있다는 건 쉬운 일은 아닌 거 같아. 그러니 이런 표현도 있는 것일 테고.

다시 호세 마르티 이야기로 돌아가서 그가 노래와 명언 말고도 얼마

만큼 쿠바 삶 곳곳에 살아 있는지 알아볼까?

쿠바에서는 고등학생 때까지 의무적으로 현장학습에 참여해야
해. 초등학교 필수 과목에 정원 가꾸기가 있고 중·고등학교 때는 농
장에 가서 농사일을 해야 하지. 공부하기도 바쁜데 웬 농사일이냐
고? 이건 바로 학생들에게 학습과 노동의 균형, 그리고 자연의 소중
함을 깨닫게 하기 위해서야. 호세 마르티의 가르침 중 하나였지.

내가 다닌 고등학교는 기숙사가 있는 학교였어. 금요일까지 수업
을 하고 주말에는 다들 집으로 돌아갔지. 수업을 하는 5일간 매일 아
침 6시에 일어나 간 곳은 교실이 아니라 근처 농장이었어. 때론 오전
수업 이후 점심을 먹고 가거나 방과 후에 갈 때도 있었지.

한번은 내 키보다 높이 자란 풀들을 꽤 큰 칼로 베어야 했어. 100
미터 달리기를 두 번 하는 거리만큼이나 넓은 곳을 말이야. 한 주가
시작되면 학교에서는 학생들에게 월요일부터 시작해서 금요일까지
끝마쳐야 하는 농장 일을 분배해 줘. 그 시간 안에 못 끝내면, 친구들
이 신나게 집에 가려고 기숙사를 나서는 주말에 덩그러니 농장에 남
아 주어진 일을 다 끝내야 했어. 봐주거나 일을 줄여 주는 일은 절대
없었지. 내가 맡은 일은 내가 꼭 끝내야 하는 게 규칙이었으니까.

난 때론 친구와 협동 작전을 펼쳤어. 친구의 몫과 내 몫을 합쳐 함
께 작업을 했어. 그럼 혼자 할 때보다 재미도 있고 작업 속도도 붙어

창의성을 뜻하는 손. 자신의 욕망을 실현하려면
그 손으로 원하는 것을 만들어 내야 한다.

서 남들보다 일찍 끝내고 쉴 수 있었지. 또 좋아하는 여자애가 있으면 괜히 옆에 가서 "내가 도와줄까?" 하고 말을 걸고, 열심히 도와준 다음에 관심을 사기도 했고 말이야.

매일 농장에 가서 일을 한다는 게 결코 쉬운 일은 아니었어. 초등학교 때부터 한 일이라 어느 정도 익숙해지고 몸에 배긴 했지만 늘 아침 일찍 일어나는 건 곤욕이었지. 하지만 지금 생각해 보면 몸과 마음이 건강해지고 균형이 잡히기 시작한 때가 바로 그때인 것 같아.

교실 책상에 앉아 수업만 들으면, 세상은 모든 게 너무 쉽고 간단해. 토마토를 재배하는 방법도, 키 큰 풀을 베는 것도 그저 선생님 설명을 듣고 머릿속으로 상상만 하면 그만이거든. 그러다 보면 현실적인 감각이 떨어지게 돼. 하지만 실제로 농장에 가서 직접 내 손으로 토마토를 키우고, 수확하고, 거친 풀을 베다 보면 머릿속의 상상과는 아주 다른, 힘든 일이란 걸 깨닫게 돼. 그러면서 현실적인 감각이 길러지고 자연스럽게 그 일들이 가치 있다는 걸 알게 되지.

또한 공부에서 받은 스트레스를 농장에서의 육체노동을 통해서 풀 수 있었어. 한번은 시험을 망쳐서 기분이 영 안 좋은 날이었어. 그날 난 학교가 끝나자마자 작정하고 농장에 가서 풀들을 마구마구 베기 시작했어. 땀을 흠뻑 흘리고 나니까 내 안의 답답함이 뻥 뚫리는 것 같으면서 시험 때문에 속상했던 감정은 어느새 사라지고 없었지.

교실에 앉아 교과서의 세상만을 공부하고 사회에 나가면 생각지 못한 현실에 좌절할 때가 많을 거야. 감각적으로, 심적으로 많이 허약해져 있을 수도 있고. 그러니 지금부터라도 학생들에게 더 많은 경험의 장을 교실 밖에 열어 주면 좋겠어. 그래서 학생들이 감정 해소도 하고, 두뇌 활동만큼 육체적인 활동이 교실 안에서든 사회에서든 중요하다는 것을 피부로 느낄 수 있으면 좋겠어.

앞에서 말했듯이 호세 마르티는 뛰어난 문필가여서 수많은 글을 썼어. 그중『황금시대』는 쿠바에서 정말 유명한 책이야. 그가 말한 황금시대란 바로 유년 시절을 뜻해. 호세 마르티는 아이들 교육에 관심이 아주 많아서 아이들 눈높이에 맞는 글도 많이 썼을 뿐만 아니라 아이들을 위한 잡지도 창간했어.

어느 날 한국 친구와 호세 마르티에 대해 이야기하고 있었는데, 그 친구가 물었어.

"호세 마르티가 글도 잘 쓰고, 독립운동가였다는 건 알겠어. 근데 독립운동가들은 많았을 텐데 왜 하필 유독 호세 마르티만 쿠바의 핵심이 된 거지?"

그래서 난 이렇게 대답했어.

"모든 사람이 공감할 수 있었기 때문인 것 같아. 호세 마르티 이전 그리고 이후에도 훌륭한 사상을 전파하려는 사람들이 많았을 테지만 대중의 공감을 얻는 데는 실패했을 수도 있어. 호세 마르티가 이들과 달랐던 건 쉬운 말로 이야기한다는 거였지. 어려운 학술적 배경지식이 없어도 모든 쿠바인들이 이해할 수 있는 사상을 이야기했기에 사람들은 쉽게 그의 생각을 받아들이고 공감할 수 있었을 거야. 그래서 그의 정신과 사상이 여러 세대에 걸쳐 이어져 오면서 뿌리를 내릴 수 있었다고 생각해."

무엇이든 배울 수 있는 기회

예전 쿠바에서는 지역적 또는 경제적인 차이 때문에 모든 사람들에게 동등한 배움의 기회가 주어지지 않았어. 그래서 혁명 이후 정부는 사람들에게 배움의 자유를 약속했지. 그 후 쿠바에서는 배우고 싶은 건 뭐든 배울 수 있게 되었어. 그 덕분에 난 다양한 영역을 공부하고, 읽고 싶은 여러 분야의 책도 많이 읽을 수 있었어. 국민의 99.8%가 글을 읽고 쓸 수 있는 정도로 쿠바의 문맹률은 아주 낮아.

교육이 무료라고 해서 진학이 다 쉬운 건 아니야. 원하는 바를 얻기 위해 그만큼 열심히 공부도 해야 해. 내가 고등학생 때 가고 싶었던 대학은 쿠바에서 디자인학과로 아주 유명한 학교였어. 그곳에 들어가 디자인을 전공하고 싶었지. 하지만 당시 그 학과는 신입생을

겨우 다섯 명만 모집했어. 낙타가 바늘구멍을 통과하는 게 더 쉬웠을 거야!

결과는 어떻게 됐냐고? 첫 고배의 잔을 마셨지. 하지만 한 번의 실패로 포기하고 싶지 않았어. 그래서 '그 학과에서 꼭 디자인을 공부하겠어!'라는 목표를 세운 뒤 우선 다른 학교에 들어가서 공부하기로 결심했어. 난 교육심리학을 선택했고 공부를 하면서 사람 사이 소통의 중요성에 대해 배웠어. 교사가 되고 싶진 않았기 때문에 컴퓨터 프로그래밍학과로 전과를 했어. 배워 두면 나중에 디자인 작업에 도움이 될 거라 생각했거든.

해가 바뀔 때마다 그 학교의 디자인학과 입학시험을 보고 또 봤어. 그리고 떨어지고 또 떨어졌지. 가족들과 친구들은 이런 내가 안쓰러웠는지 그만하면 됐다는 말까지 했어. 하지만 난 포기하지 않았어. 아니, 포기하고 싶지 않았어. 그리고 4년 후 마침내 난 그 학교에 당당히 합격했어. 다섯 명 중 한 사람으로 말이야!

디자인학과를 꼭 가고야 말겠다는 내 의지가 큰 것도 있었지만 배움에 제한이 없었던 교육 제도도 큰 도움이 됐다고 생각해. 또한 그 4년간 내가 확실히 느꼈던 건 목표를 이루는 길이 한 가지만 있는 건 절대 아니라는 것. 그리고 어디에 있건 내가 하는 경험은, 그것이 일이든 공부이든, 나중에 내가 하는 일에 다 연결이 돼서 반드시 도움이 된다는 거였어.

교육심리학을 공부하면서 사람들을 이해하고 어떻게 하면 더 잘 소통할 수 있을까를 배웠고, 컴퓨터 프로그래밍을 공부하면서 컴퓨터에 대한 전반적인 지식과 기술을 쌓았기 때문에, 지금 그래픽 디자인 분야에서 더 효율적으로 사람들과 일을 할 수 있는 거라 생각해.

사랑을 배웠어

초등학교 다닐 때 가장 인상적인 수업 중 하나는 5학년 수업 시간에 받은 성교육이야. 너희는 학교에서 어떤 성교육을 받았니? 내 한국 친구는 초등학생일 때는 성교육을 받은 기억도 없고 중학생이 되어서야 처음 받아 봤는데, 비디오로 정자와 난자가 만나는 영상을 본 게 전부였다고 했어. 선생님도 별다른 설명을 해 주지 않으셨대. 그래서 '정자와 난자가 어떻게 저렇게 만났을까?'라고 궁금해했었다고 해. 그 친구의 성교육은 10년도 더 지난 이야기니까 지금은 많이 달라졌겠지? 지금 한국의 성교육은 어때?

초등학교 5학년 수업 시간에 하얀 가운을 입은 아주 젊고 잘생긴 형이 우리 교실에 들어왔어. 담임선생님께서는 그 형이 심리학과

선생님이라고 소개해 주셨고, 우리에게 성교육을 해 줄 거라 말씀하셨어.

나와 친구들은 그 형이 어떤 이야기를 할지 너무 궁금했어. 그 형은 칠판에 처음 보는 두 개의 그림을 그리고는 남성과 여성의 생식기라고 적었어. 우리 몸의 한 부분이라며 아주 소중한 거라 했지. 그리고 아주 자세하게 설명해 줬어.

또한 정자와 난자가 어떻게 만나는지, 만나면 어떻게 되는지도 아주 자세히 이야기해 줬지. 그러고는 가방에서 바나나와 비닐로 된 아주 작은 물건 하나를 꺼냈는데 그 비닐같이 생긴 걸 콘돔이라 부른다고 했어. 바나나에 콘돔을 씌우면서 콘돔의 사용 방법을 자세히 보여 주고 콘돔이 왜 필요한지 모두 다 이야기해 줬어.

지금 생각해 보면 그 형의 재미있고 신기한 성교육 덕분에 내가 성에 대해 올바른 시각을 가질 수 있었던 것 같아. 성은 이상하고 피해야 하는 대상이 아니라 바르게 알고 아름답게 대해야 하는 거라고 배웠으니 말이야.

학교에서뿐만 아니라 난 아주 어렸을 때부터 성에 대한 이야기를 쉽게 접했어. 학교 선생님이신 엄마와 동료 선생님들은 자주 내 앞에서 자신들의 성생활에 관한 이야기를 하셨거든. 숨김없이 서로의 성에 대한 고민들을 나누면서 이야기했어. 아이인 내가 있어도 쉬쉬

하지 않고 말이야.

한번은 엄마와 동료 선생님들이 우리 집에서 너무 재미있게 이야기를 하고 계셨어. 나는 궁금해서 그쪽으로 가서 앉았지. 엄마와 친구 분들은 옆에 앉는 내게 미소를 짓고는 계속 이야기를 이어 나갔어.

"근데, 나 임신했는데 남편하고 잠자리를 해도 될까? 걱정이 좀 돼."

그러자 다른 아주머니가 크게 웃으며 말했어.

"걱정하지 마! 얼마든지 해도 돼! 난 애 낳기 바로 전날에도 잤는 걸!"

엄마와 아주머니들은 크게 웃었고, 나도 같이 따라 웃었어. 어른들은 내가 웃는 걸 보고 또 더 많이 웃으셨지. 그런 이야기들이 이상하진 않았냐고? 아니. 하나도 이상하지 않았어. 왜냐고? 왜냐면 내 주위 그 누구도 그게 이상하다고 말하는 사람은 없었으니까. 그렇게 난 일상에서 가족 또는 주위 어른들을 통해 자연스럽게 성을 배우게 된 거야.

고등학생 때 여자 친구 집에 놀러 간 적이 있어. 여자 친구 아버지께서 날 잠깐 부르셨지. 주머니에서 무언가를 꺼내 내밀면서 조용히 말씀하셨어.

"이거 받으렴, 콘돔이야. 내 딸과 사귀는 사이라면 이걸 꼭 사용하고, 네 행동에 책임은 지도록 해라. 만에 하나 내 딸을 임신시키는 날엔 내가 널 가만두지 않을 거란 걸 명심하고."

그때 그 아저씨의 표정은 비장하고 무서웠어. 여자 친구와 있을 때 그 아저씨의 모습이 머릿속에 자주 나타났지. 그래서 난 항상 여자 친구를 대할 때 세심하게 주의를 기울이며 대했던 것 같아. 당연히 항상 콘돔을 사용하고 말이야.

지금 생각해 보니 어른들의 역할이 참 중요하다는 생각이 들어. 어른들이 아이들에게 숨기지 말고 성에 대해 이야기를 해야 한다고 생각해. 그건 가정에서 출발해서 학교로 이어져야 할 거야.

성욕은 이상한 게 아니고, 식욕과 전혀 다르지 않은 자연스러운 현상이라고 아이들에게 알려 줬으면 좋겠어. 섹스(성관계)에 관해서도 제대로 된 교육이 필요하다고 생각해. 난 섹스는 음식이랑 똑같다고 보거든. 음식이 사는 데 꼭 필요하고 몸에 좋은 거지만 잘못 먹으면 해가 될 수 있듯이, 섹스 또한 어떻게 대하느냐에 따라 나에게 좋을 수도 있고 해가 될 수 있으니까 말이야.

자연스럽게 성에 관한 대화를 많이 나눠야 해. 그래야 아이들이 문제가 생겼을 때 잘못된 방법으로 해결하지 않고 부모님이나 어른들에게 도움을 청하게 될 거야. 성 또한 그저 살면서 생기는 여러 고민 중 하나일 뿐이야. 이상하다거나 쑥스럽다거나 그렇게 생각할 이유

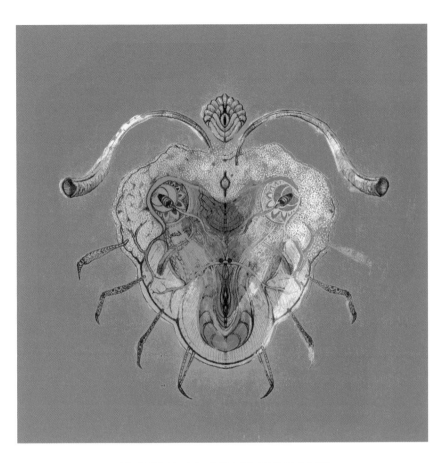

즉흥성, 열정, 성, 카리브 해의 열기로 가득 찬 쿠바의 심장.

당신의 가슴을 타고 올라 영원히 그곳에 머물길.

가 전혀 없는 거지. 다른 것과 같이 해결이 필요한 고민으로 여기면 되는 거야.

우리는 언제 성이라는 것을 인식하게 되는 걸까? 누군가를 보면 가슴이 쿵쾅쿵쾅거리는 경험을 하고 나서부터? 우리가 말하는 사랑이라는 것을 시작하면서부터일까? 그럼 친구들, 사랑이란 건 도대체 뭘까?

사랑에 대한 정의는 제각각 다를 거야. 사랑을 정의하기란 어쩌면 불가능한 일인지도 모르지. 사랑은 설명으로 이해되는 게 아니라 감정과 느낌으로 이해되는 거니까 말이야. 사랑의 종류도 얼마나 많다고! 어릴 때 정전이 되면 우리에게 노래를 불러 주곤 했던 아빠의 모습, 친구가 사고로 병원에 누워 있을 때 엉엉 울었던 기억, 오랜만에 멀리 떨어진 가족들과의 전화 통화 후 가슴에서 차오르는 기쁨, 친한 친구와의 다툼, 엄마의 꾸지람 등등.

'친구와의 다툼, 엄마의 꾸지람? 그것도 사랑이야?' 하면서 고개를 갸웃거리는 친구가 몇 명 보이는 것 같네. 대부분 사람들은 사랑은 항상 기쁘고 행복한 그 무엇이라고 생각을 하지만, 난 그보다는 슬픔과 고통도 함께 감싸는 그 이상의 무엇이라고 생각해.

사랑하지 않으면 누군가를 위해 눈물을 흘리지도 않을 거야. 누군가 잘못된 길을 가고 있을 때 꾸지람을 하지도 않을 거고. 특히 부모님은 우리를 사랑하기 때문에 가끔은 사탕이 아닌 쓴 약을 우리 입에 넣어 주시는 걸 거야. 사랑의 반대는 고통이나 증오가 아니라 어쩌면 그 사람을 투명 인간 취급하는 무관심일지도 몰라.

카리브 해의 뜨거운 태양이 담긴 쿠바 음악

쿠바를 여행하고 돌아온 사람들로부터 내가 자주 들었던 말이 있어. "쿠바인들은 물질적으로는 부족하지만 웃음만큼은 넉넉했다." 우리 쿠바인들이 힘든 상황에서도 웃을 수 있는 까닭은 음악과 춤을 사랑하는 문화 덕분이라고 생각해. 너희도 쿠바를 여행하게 된다면 집집마다 음악 소리가 들리는 것을 쉽게 발견할 수 있을 거야. 거리에서 춤을 추는 사람들의 모습도 자주 볼 수 있을 거고 말이야.

"De Alto Cedro voy para Marcané. Llego a Cueto voy para Mayarí......(알토 세드로에서 마르카네로 가야지. 쿠에토를 거쳐 마야리로 가겠네......)."

이건 '찬찬'이라는 노래의 첫 소절이야. '부에나비스타 소셜클럽'이라는 밴드의 대표곡이지. 부에나비스타 소셜클럽은 할아버지와 할머니로 구성된 쿠바의 유명한 손son(쿠바의 대표적인 리듬) 밴드야. 젊었을 때 왕성하게 음악 활동을 했던 쿠바의 노장 뮤지션들을 미국의 기타리스트가 하나둘 모아 결성한 밴드야. 이들의 음악은 전 세계적으로 아주 큰 인기를 끌었어. 이들의 활약으로 세계 사람들이 쿠바 음악에 관심을 기울이게 됐지.

하지만 외국인들이 생각하는 것만큼 쿠바인들에게 엄청나게 인기가 있거나 중요한 밴드는 아니야. 이들 덕분에 쿠바가 많이 알려졌으니 '홍보 대사'로서의 역할은 했겠지만 이 밴드의 음악이 쿠바의 음악을 대표하는 건 아니지.

오히려 베니 모레, 로스 반 반 등이 쿠바 국민 모두의 사랑을 받는 대표적인 음악가들이라 할 수 있어. 로스 반 반의 노래에 맞춰 우리 할아버지가 춤을 췄고, 우리 아빠도 춤을 췄고, 또 나도 춤을 추며 자랐어. 오랜 시간 동안 모든 세대에게 사랑받는 밴드란다. 나의 음악 또한 이들 말고도 이라케레, 신테시스와 같은 가수들의 영향을 많이 받았어.

부에나비스타 소셜클럽의 손, 베니 모레의 맘보, 그리고 차차차, 살사, 룸바, 볼레로 등 쿠바의 리듬은 다양해. 그 리듬을 바탕으로 만들어진 음악과 춤은 아주 다채로워. 그 속에 쿠바인들의 열정과 흥이 흘러넘치지.

지리적으로 쿠바는 미국, 유럽, 라틴아메리카를 연결하는 중요한 통로라고 할 수 있어. 그래서 여러 나라의 문화 또한 쿠바를 거쳐 가

게 되면서 쿠바 문화에도 큰 영향을 미쳤지. 당연히 음악에도 말이야. 혁명 전에는 다양한 음악가들이 활동했지만 혁명 후 정부의 사회주의 체제와 미국의 금수 조치(미국이 쿠바의 거의 모든 대외 경제 교류를 차단한 조치)로 인해 세계로 널리 알려지지 못했어.

혁명 이후 쿠바에서는 아주 유명한 가수들이 수십 년간 음악 활동을 하면서도 앨범 한 장 만들지 못하는 경우가 많았어. 혁명이 쿠바인들의 삶을 어떻게 변화시켰는지는 다음 장에서 더 자세하게 이야기해 줄게.

우리 모두가 지니고 있는 아주 오래된 유산

난 춤이 정말 좋아. 어떨 때는 자는 것보다, 먹는 것보다 더 좋을 때도 있어. 너희는 어때? 맘껏 춤을 춰 본 적이 있니? 한국인들도 예전부터 음악과 춤을 즐기는 민족이라고 들었는데 내가 한국에 와서 만난 많은 사람들은 춤추는 것을 부끄러워하고 낯설어하는 것 같았어. 춤하고 자기는 거리가 멀다고 손사래를 치는 거야. 난 그런 사람들에게 이렇게 말해 주고 싶어.

"진심으로 자신의 몸에 춤출 기회를 줘 본 적이 있나요? 선입견으로 머리가 먼저 못 춘다고 단정 지은 건 아닌가요? 당신의 머리 말고 몸에 먼저 기회를 주세요."

언어가 생겨나기 전에 사람들은 의사소통의 도구로서 몸을 많이 사용했을 거야. 자신의 생각을 표현할 때나 누군가와 교감을 할 때도 몸의 언어로 대화를 했겠지. 예를 들어 "너를 만나서 정말 행복해."는 상대방을 꼭 껴안고 방긋 웃는 것으로 표현했을 수도 있고, "이제 네가 싫어!"라는 말은 매몰차게 등을 돌리고 걸어가는 행동으로 표현했을지도 몰라.

현대에 살고 있는 우리는 어떨까? 매일 손을 잡고 등하굣길을 함께하던 친구여도 서로 다투면 한동안은 그 손을 잡으려고 하지 않지. 한창 달콤한 사랑을 가꾸는 연인도 둘 중 하나가 토라지면 다가가는 게 망설여지고, 엄마 아빠한테 화가 나면 같이 있다가도 자기 방에 들어가 버리잖아. 소리로 들리지 않아도 몸이 말해 주고 있어. "너에게 화가 났으니 다가오지 마."

반대로 무언가를 좋아할 때는 어떻지? 더 다가가려고 해. 가다가 예쁜 꽃을 보면 나도 모르게 발걸음이 꽃 쪽으로 움직이고, 아가를 사랑하는 엄마는 자신의 품에 아가를 꼭 안고 있고, 친구의 손은 더욱 꼭 잡게 되지. 이때는 몸이 어떤 말을 하고 있는 걸까? 아마도 이렇게 말하는 것은 아닐까? "너와 함께 있으니 정말 좋아. 너와 더욱 가까이 있고 싶어."

그런데 인간에게 언어가 생겨나면서 몸으로 할 수 있는 대화의 반 이상이 말로 대체됐어. 동시에 몸과 몸이 서로에게 전해 주던 온기도 많이 잃고 말이야. 예전 원시시대, 인류의 조상 때부터 이어받은 능력이 오랜 시간 사용되지 않아 약해진 것 같은 느낌이랄까?

난 사람들이 더 많이 춤을 춰야 한다고 생각해. 춤을 통해 나의 생각과 느낌을 몸으로 표현하고 상대방과 접촉하면서 우리가 잃어버린 능력을 조금씩 되찾아 갈 수 있을 테니까. 춤을 좋아하는 사람들을 보면 단순히 음악에 맞춰 몸을 흔드는 것을 좋아하는 사람들이라기보단 몸이 무의식적으로 자신의 능력을 되찾고 싶어 하는 열망이 더 잘 드러나는 사람들이라는 생각이 들어.

우리 모두에겐 춤을 출 수 있는 능력이 잠재되어 있어. 단지 익숙하지 않을 뿐 사라져 없어진 건 아니라고 생각해. 그리고 춤은 지금보다 조금은 더 가치 있는 것이라고 인정받아야 하고. 춤은 유희적인 측면 그 이상으로 원시시대 인류의 조상으로부터 전해 받은 소중한 유산이니까 말이야.

그러니 오늘부터 귓가에 음악이 들리면 어깨도 조금씩 움직여 보고, 엉덩이도 옆으로 조금씩 흔들어 봐. 나 자신도 모르고 있던 나의 숨은 재능이 꽃피는 순간이 올지도 모르잖아?

3장

두얼굴을 가진
야누스, 쿠바

부패한 정권에 반대하여 일어난 혁명

"오로! Julio 26, 그러니까 7월 26일이 도대체 뭐길래 쿠바 곳곳에 그 날짜가 적혀 있는 거야?"

쿠바 여행을 마치고 온 내 외국 친구가 어느 날 만나자마자 대뜸 나에게 했던 질문이야.

7월 26일, 좀 더 자세히 말하자면 1953년 7월 26일은 쿠바 혁명을 위한 본격적인 움직임이 시작된 날이야. 이제 쿠바 혁명에 대해 설명할 때가 왔구나. 혁명을 빼놓고는 쿠바를 이해하기 어려워. 조금 딱딱한 이야기일지 모르겠지만, 찬찬히 해 볼게.

쿠바가 스페인의 지배를 받았다는 이야기는 앞에서 했지? 쿠바는 1898년 스페인으로부터 독립을 한 후 이어 1902년 미국으로부터 독립을 하지만 미국의 심한 간섭은 계속되었어. 대부분의 국민들은 행복한 삶을 누리지 못했고, 대통령을 비롯한 정치인들은 국민보다는 미국의 눈치를 보며 자신들의 권력을 지키기에 급급했지. 1940년에 대통령이 된 바티스타도 마찬가지였어.

혁명 전 당시 쿠바는 부자와 가난한 사람의 생활수준이 너무 차이가 났어. 정직하게 일해서 돈을 벌기보다는 뇌물을 받는 등 사회 곳곳에 부패가 널리 퍼져 있고, 이를 바로잡아야 할 정부는 오히려 국민들에게 폭력을 행사했어. 국가 경제는 이탈리아에 준할 만큼 발전을 했지만, 쿠바 가정의 평균 소득은 아주 낮았지. 오랫동안 일자리를 구하지 못하는 사람이 많았고 물이 나오지 않는 가정도 많았어. 가난한 사람은 교육도 제대로 받지 못했지. 많은 사람들은 사회 전체가 바뀌어 살기 좋은 세상이 되기를 바랐고, 부패한 독재 정권에 맞서 싸우는 세력이 생겨났어. 그중 한 명이 바로 피델 카스트로Fidel Castro(1926~)야.

이들은 1953년 7월 26일 산티아고에 있는 몬카다 병영을 습격하게 돼. 이 사건을 시작으로 흩어져 있던 혁명 세력들이 힘을 합쳐 움직이게 되었고 이후 1959년 1월 1일에 바티스타 정권을 내쫓고 혁명을 이루게 되지. Julio 26, 즉 7월 26일을 여러 곳에 새기며 기념하는 까닭을 조금은 알겠지?

그런데 친구들, 혁명이란 게 도대체 뭘까?

쿠바 혁명이 일어났을 때 난 아직 태어나기 전이었고, 우리 엄마 아빠도 아직 아이였기 때문에 그 당시 생생한 모습들을 말해 줄 수는 없어. 하지만 그때의 분위기가 어땠는지 상상은 해 볼 수 있어.

혁명이란 건 기존 것을 없애고 새로운 것을 세우는 거잖아. 바티스타 정부에 불만을 품은 쿠바인들이 저항의 움직임을 일으키기 시작했고 새로운 정권, 새로운 나라를 꿈꾸고 혁명을 이뤄 냈지. 혁명을 이루고 난 뒤 사람들은 무언가를 이뤄 냈다는 성취감, 새로운 세상이 오리라는 기대감, 흥분감과 동시에 전혀 겪어 보지 못한 일에 대한 얼떨떨함, 두려움, 혼란스러움, 막막함 등 복합적인 감정을 느끼게 되었대.

부패가 만연하고 변화가 필요한 시기였던 만큼 혁명은 그 당시로서는 피할 수 없는 일이었다고 생각해. 하지만 문제는 혁명 그 이후부터 시작되었어. 얼마 전 내가 한국 친구에게 혁명과 그 이후에 대한 쿠바인들의 생각을 이렇게 빗대어 설명해 준 적이 있어.

"동양인 부부가 있어. 오랫동안 자신들을 닮은 아이를 간절히 기다렸고 마침내 아이가 태어났는데 글쎄 흑인 아이가 태어난 거야. 부부는 깜짝 놀랐어. 자신들이 기대한 모습과는 전혀 달랐으니까. 처음에는 어찌할 줄 몰랐던 부부도 시간이 지나면서 차차 적응하게 되었지."

혁명 이후 쿠바에 어떤 일이 벌어졌던 걸까?

혁명으로 기존의 부패와 독재가 무너지고 새로운 모습의 쿠바가 탄생했어. 피델 카스트로 정권은 자본주의를 배척하고 공산주의를 내세우며 경제적 평등을 추구했어. 예를 들어, 부자든 가난하든 상관없이 무료로 교육받는 무상 교육과, 돈이 없어도 치료받을 수 있

는 무상 의료 시스템을 약속했지. 더 나아가 대기업들이 개인의 농지를 빼앗는 등의 횡포를 막기 위해 산업 국유화를 실시하게 됐어. 나라가 기업의 주인이 되는 거지.

혁명은 하나의 움직임이야. 혁명을 이뤄 냈다고 하더라도 혁명 사상을 지키기 위해서는 실질적으로 지속적인 개혁이 필요하지 않을까? 해가 바뀔 때면 우린 계획을 세우며 기대를 하잖아. 이렇게 됐으면 하는 바람을 가지고 말이야. 하지만 생활하면서 예기치 않은 일들이 생겨나면 계획했던 게 틀어질 수도 있어. 그럼 그땐 그 상황에 맞게 내 계획을 고치고 현실과 조화롭게 나아가도록 해야겠지. 현재 상황을 전혀 생각하지 않고 처음에 세웠던 계획들만 고집하면 자칫 더 큰 문제가 생길 수도 있잖아.

하지만 카스트로 정권은 그렇게 하지 않았어. 카스트로의 개혁은 1959년 이후 반세기 넘게 거의 한자리에 머물러 있었어. 움직였더라도 아주 느리고 보잘것없었지. 카스트로는 자신만의 나라를 만들어 갔어. 공공의 이익을 우선시한다고 했지만 현실적으로는 오랜 기간 독재를 하며 권력을 혼자서 다 차지했지.

어릴 적 난 누군가가 "쿠바의 실상은 쿠바 정부가 말하는 것과 다르다."라고 말할 때 전혀 믿지 않았어. 오히려 그 사람이 거짓말을 하고 있다고 생각했지. 하지만 대학생이 되어 쿠바를 방문한 외국인들과 대화를 많이 나누고 직접 쿠바 밖으로 나가고 나서야 깨달았어. 쿠바는 내가 믿었던 유토피아가 아니라는 것을.

난 쿠바 밖은 위험하고 폭력이 난무하는 곳이라고 여겼어. 어릴 때부터 그렇게 배워 왔으니까. 텔레비전이나 신문에는 쿠바를 편드는 말들뿐이었어. 자본주의 국가, 특히 미국을 줄곧 비판했고, 미국의 폭력성 짙은 영화들이 텔레비전에 자주 나왔어. 정부는 국민들이 미국이란 나라가 저렇게 총과 폭력이 난무하는 곳이라고 여기길 바란 거였지.

미국 정부와 쿠바 정부는 반세기 넘게 사이가 매우 나빠. 혁명 이후 쿠바는 모든 산업을 국유화했어. 혁명 전 미국의 기업들이 쿠바로 많이 진출한 상태였는데 그 재산과 이권을 다 빼앗아 버린 거야. 혁명 전 미국 관광객들에게 사랑받던 세계는 쿠바에서 사라지고 그 자리에 사회주의 이념이 심어졌지. 이건 자본주의로 대표되는 미국과는 정반대되는 입장이야. 또한 쿠바가 사회주의 국가들과만 교류하면서 둘 사이엔 더욱 냉랭한 기류가 흐르게 됐어. 쿠바 정부가 국민들에게 왜곡된 미국의 모습을 심어 준 것도 미국에 적대감을 품게 하기 위해서였어.

쿠바에서는 야구를 하는 아이들을 쉽게 볼 수 있어. 쿠바의 야구가 유명하다는 건 한국인들도 많이 알고 있지? 쿠바인들이 야구를 즐겨

하기도 하지만 쿠바의 야구가 세계적으로 유명해질 수 있었던 이유는 바로 야구가 정치적으로 많이 이용되었기 때문이야.

모든 면에서 쿠바는 강대국 미국을 이길 순 없었어. 특히 경제적으로는 비교가 되지 않았지. 미국의 야구가 전 세계적으로 유명하잖아? 쿠바 정부가 생각한 것이 야구로 미국을 이기자는 거였어. 그래서 쿠바 야구는 정부의 전폭적인 지원을 받을 수 있었고, 다른 엔터테인먼트 분야보다 발전하고 널리 알려지게 되었던 거야. 결국 야구 그 자체의 발전보다는 야구를 통해 쿠바 정부의 권력을 세계에 알리려 했던 거지. "쿠바는 여전히 미국을 이길 만큼 강력하다."라고 말이야.

하지만 권력을 둘러싼 여러 문제가 꼭 쿠바에만 국한된 이야기는 아니야. '권력' 그 자체에는 문제가 없다고 생각해. 인간이 권력을 잘 다루지 못하는 게 문제야. 인간은 권력을 손에 쥐면 점점 그 권력에 중독되는 것 같아. 중독은 이성을 마비시키고 문제를 일으키듯 권력에 빠진 인간은 점차 그 권력을 다루는 능력을 잃고, 자신이 권력의 주인이 되는 것이 아니라 권력의 하수인이 되어 버리는 거야. 많은 독재 정권이 그런 모습을 보여 주지. 쿠바의 정권도 그중 하나고.

쿠바를 여행하다 보면 골목이나 큰길 할 것 없이 다양한 벽화나 선전 문구를 보게 될 거야. 거기엔 혁명의 주역들과 혁명을 강조하는 글귀들이 있어. 텔레비전이나 신문에도 마찬가지고. 쿠바 정부는 여전히 혁명을 외치고 강조하지만 실질적으로 쿠바 정부가 지키려 하는 건 자신들의 권력이야. 자신들의 권력을 위해 국민들을 감시하고, 왜곡된 정보를 제공하고, 인터넷 사용을 금지해 외부와의 접촉을 막아 모든 국민들을 쿠바라는 고립된 행성에 가둬 놓았지. 즉, 혁명이라는 브랜드를 내세워 그 뒤로는 독재정치로 기득권층의 권력을 유지해 온 거야.

그럼 혁명이라는 브랜드 뒤에 감춰진 쿠바의 삶을 한번 들여다볼까? 내가 왜 이렇게 생각하는지 알게 될 거야.

무상 교육과 무상 의료 시스템을 가능하게 하는 것

내가 아는 어떤 아저씨는 직업이 의사인데 저녁에는 관광객을 상대로 택시 운전을 해. 나의 친한 친구는 엔지니어인데 주말에는 외국 관광객 아이들을 위한 광대로 변신하지. 우리 동네 한 아주머니는 한때 변호사였는데 현재는 숙박업을 하고 있어.

의사의 한 달 월급은 26달러. 변호사였던 아주머니도 그리고 내 친구의 월급도 다 이 정도라고 생각하면 돼. 쿠바 공무원의 평균 월급도 20달러 정도야. 2001년 내가 처음 일하고 받은 월급은 16달러였어. 현재 국민들의 월급이 의료진을 중심으로 약간 오르긴 했지만 대다수는 여전히 적은 임금으로 생활하고 있다고 보면 돼.

지금은 조금씩 개인 사업이 늘어나고 있지만 오랫동안 쿠바 정부는 모든 산업을 국유화했었어. 한마디로 쿠바라는 나라가 하나의 기업이고, 국민들은 직원인 셈이야. 쿠바 정부가 그들을 관리하고 월급을 주고 있달까?

무상 교육과 무상 의료 시스템은 전 세계적으로 쿠바의 장점으로 여기는 것 중 하나야. 쿠바 정부는 대부분 무역과 관광업으로 돈을 버는데, 그렇게 번 돈을 우선적으로 무상 교육과 무상 의료 제도를 유지하기 위해 쓰지. 그리고 그 나머지가 국민들 월급으로 돌아가게 돼. 결국 쿠바의 제도를 유지하기 위해 국민들은 낮은 임금을 받아들여야 하는 거야.

"그래도 쿠바에는 무상 교육이 있고, 무상 의료가 있으니 좋은 거죠. 그럼 딱히 돈이 많이 들어갈 덴 없을 것 같은데."

이렇게 말하는 외국인들도 있었어. 맞아. 무상 교육을 하기 때문에 글자를 못 읽는 사람은 거의 없어. 다른 나라보다 배움의 기회도 많고. 하지만 외국인들이 생각하는 쿠바의 무상 의료에 대해서는 할 말이 있어.

예전에「식코 」라는 미국 영화가 개봉했어. 아마 이 영화 때문에 쿠바의 무상 의료에 대한 환상이 전 세계에 퍼졌을지 몰라. 영화에 나오는 쿠바 병원은 무척 고급스럽고 넓어. 이 영화는 그 병원 환자들이, 미국과는 달리, 돈에 관계없이 차별받지 않고 똑같이 치료를 받는 것처럼 설명해. 근데 쿠바에서 그 영화를 친구들하고 보면서 우리가 얼마나 웃었는지 알아? 그리고 이렇게들 말했지.

"그래, 가능하지. 환자가 고위 간부이거나 외국인이라면 말이야!"

몇 년 전 내 친구가 쿠바를 여행하면서 쿠바 현지인들과 두 달여 같이 지낸 적이 있어. 주인아저씨가 다리를 다쳐 가족들과 함께 병원에 가게 됐대. 도착한 병원은 그녀가 「식코」에서 본 병원과는 상당히 다르게 의료 시설이 뒤떨어졌다고 했어.

지역에 따라 의료 수준이 차이 나는 것도 문제야. 외국인이 많이 가는 병원과 쿠바 현지인이 많이 가는 병원의 의료 장비나 서비스는 차이가 많이 나. 쿠바의 무상 의료가 외국인(관광객 포함)에게까지 적용되는 건 아니기 때문에 외국인은 치료비를 내야 해. 외국인이 가는 병원에는 현지인들이 가는 병원과는 달리 수익이 생기겠지. 병원이 모든 수익을 사유화하진 않더라도 그 병원이 수익을 얻으면 병원 시설이나 서비스를 위해 조금 더 투자한다는 건 무시할 순 없을 거야.

낮은 임금처럼, 뒤떨어진 의료 서비스 또한 혁명 후 국민들이 받아들여야 하는 부분이 됐어. 영화나 외신 등을 통해 정부가 대외적으로 설명하는 쿠바와 실질적인 쿠바 사이에는 이렇게 큰 차이가 있단다.

26달러 월급에 맥주가 1달러

앞에서 쿠바의 일반적인 월급에 대해 말하긴 했지만 그것만으로 쿠바 화폐에 대해 감이 잘 오지 않을 거야. 쿠바 화폐 체계를 이해하려면 먼저 이걸 알아야 해. 쿠바의 화폐 단위는 두 개라는 것! 머리를 갸우뚱하는 친구도 있을 거야. 대부분의 나라에서는 한 가지의 화폐 단위만 사용하잖아. 대한민국은 '원', 미국은 '달러', 일본은 '엔'처럼 말이야.

하지만 쿠바에서는 CUC, CUP라는 두 가지 단위를 사용해. CUC는 달러 환율과 비슷해서 1달러라고 생각하면 되고 CUP는 쿠바페소야. 하지만 이 둘의 화폐가치는 엄청나게 차이가 나. 1CUC=25CUP거든. CUC는 외국인이 많은 관광지, 식당, 호텔, 대형 마트, 백화점 등에서 쓰이고 CUP는 재래시장에서 많이 쓰여. 두 가지 화폐가 있긴 하지만 결국 CUC를 사용하는 곳들이 더 많아지면서 실질적으로 CUP의 힘은 약해지고 있어.

근데 왜 두 개일까? 뒤에서 좀 더 자세히 말하긴 하겠지만 그 원인은 소련(지금의 러시아)의 붕괴에 있어. 소련에 많이 의지하던 쿠바는 소련의 붕괴로 큰 타격을 입었고, 외국인 관광객을 통해 외화를 벌고자 CUC를 도입하게 된 거야. 하지만 그 이후 한 나라에서 두 개의 화폐를 같이 쓰면서 CUC와 CUP의 차이가 크게 벌어지게 됐어. 관광객을 상대로 하는 사람들이 CUC를 더 쉽게, 많이 벌 수 있게 됐지. 가령 택시 기사나 식당 종업원들 말이야. 이들의 한 달 수입은 의사, 선생님, 변호사 등 전문 직업군의 월급과는 비교도 안 되게 많아.

또 다른 문제는 시장에서 CUC를 취급하는 곳들이 점점 많아지면서 사람들이 26달러(26CUC=650CUP) 월급으로는 생계를 유지하기가 힘들다는 거야. 맥주 한 병 값이, 커피 한 잔 값이 각각 1달러라면 현재 쿠바의 이중 화폐 사용이 어떻게 돌아가는지 조금은 느껴지니?

올드 아바나의 유명한 거리 오비스포는 매일 현지인과 관광객들로 붐벼. 그곳 가게들은 거의 다 CUC를 사용해. 쿠바를 여행하던 친구가 그곳을 지나다 한 가방 가게에 들어갔어. 가게 중앙에는 자물쇠로 채운 투명한 캐비닛 안에 가방들이 하나씩 진열되어 있었대. 너무 비싼 가방을 파는 가게인가 싶어서 나가려다가 가격표를 보니 '25CUC'라고 쓰여 있었대. 친구는 안도의 한숨을 내쉬며 가방을 샀어. 하지만 매장을 나오면서 설명할 수 없는 쓸쓸함을 느꼈다고 해.

왜 군이 자물쇠를 채워야 했을까? 관광객으로서 그 자물쇠를 연 자신과 25CUC짜리를 엄청난 고가품(일반 쿠바인들의 한 달 월급과 맞먹으니까)으로 보는 쿠바인 사이에서 느껴지는 거리감이 아주 컸다고 해.

26달러의 월급, 1달러짜리 맥주 그리고 25달러짜리 가방. 그런 조건에서 살아남기 위해 의사가 택시를 몰고, 전문직 종사자가 숙박업으로 직업을 바꾸거나 광대가 될 수밖에 없었던 거야.

"어차피 쿠바에서는 식량도 배급하니까 따로 돈 들어갈 데가 많을 것 같진 않은데……."

문제는 배급의 양이 턱없이 부족하다는 거야. 정부가 주는 식량도 부족하고 보통 시장에서 파는 물건들은 앞서 말했듯 살 엄두가 안 나니 자연스럽게 새로운 시장이 생겨났어. 바로 블랙마켓(암시장)이야.

블랙마켓과 더블 페이스

월급으로는 도저히 정상 시장 가격의 물건을 살 수 없다는 걸 알겠지? 그래서 사람들은 자신들만의 거래를 하기 시작했어. 외국에 나간 가족 또는 아는 사람으로부터 받거나 산 물건들을 개인끼리 사고팔기 시작한 거야. 정해진 장소는 없어. 이웃집이 될 수도 있고, 거리가 될 수도 있어.

블랙마켓은 쿠바인들의 생존과 직결되는 거야. 불법이긴 하지만 정부 고위 관계자들도 자신들의 낮은 임금 때문에 이용하는걸. 나와 동생은 블랙마켓을 통해서 옷을 자주 샀어. 때론 시장에 나온 물건보다 블랙마켓에서 산 물건들의 품질이 훨씬 더 좋을 때도 있었지.

블랙마켓에서 사고파는 물품은 어디서 나오는 것 같아? 놀라지마! 그중 하나가 바로 절도야. 군복무를 마치고 케첩과 마요네즈를 만드는 공장에서 잠시 일을 한 적이 있어. 이상하게 같이 일한 직원들의 퇴근길 호주머니는 늘 무엇인가로 가득 차 있었어. 말단 사원에서부터 매니저까지 공장의 물품을 조금씩 챙겨 갔기 때문이야.

공장 주인이 가만히 있었냐고? 주인은 공장에 직접 나와 있지도 않고, 물건이 어떻게 되는지 관심도 없었어. 어떻게 주인이 그럴 수 있느냐고? 공장의 주인이 바로 정부였거든. 물품을 대 주는 곳도 정부였어. 공장에서 일하는 사람들은 공장 물건들을 블랙마켓에 내다 팔곤 했어. 나도 가담했냐고? 아니! 나중에는 같이 일하는 상사가 화를 내며 억지로 내 호주머니에 쑤셔 넣은 적도 있었지만 난 다시 다 꺼내 놨어.

비슷한 일이 또 있어. 대학교 다닐 때 디자인학과 건물을 리모델링하는 일이 있었어. 노랑, 초록, 보라 등 다양한 색으로 칠을 했지. 리모델링이 끝나고 어떤 일이 일어났는지 알아? 그 건물 주변의 집들

색이 노랑, 초록, 보라 등 리모델링한 디자인학과 건물과 똑같았지. 어떻게 된 일일까? 알고 보니 작업을 한 인부들이 조금씩 물건들을 훔쳐 블랙마켓을 통해 주변 사람들에게 팔았던 거야.

정부 또한 블랙마켓의 존재를 알고 있어. 블랙마켓을 단속하려 하지만 규모가 워낙 크다 보니 단속이 쉽지는 않아.

앞에서는 공장에서 일하는 직원들이 뒤에서는 몰래 물건을 훔치는 도둑의 가면을 쓰듯, 의사가 택시를 몰듯, 엔지니어가 광대가 되듯 쿠바인들의 얼굴은 한 가지가 아니야. 한 가지의 얼굴만으로는 생계를 유지하기 힘드니까. 아침에는 잔디를 깎는 사람이 밤에는 돈벌이를 위해 또 다른 얼굴을 하게 되지. 공장에서 관리직으로 일하셨던 우리 아빠도 일을 마치고 집에 오시면 가축들을 돌봤어.

내 이야기를 듣던 한국 친구가 물었어.

"그럼 그냥 돈벌이가 되는 직장 한 군데만 다니면 되지 않아? 돈벌이가 안 되는 직장은 갈 필요가 없잖아."

문제는 정부 일자리에 등록이 되어 있지 않은 사람은 정부의 감시를 받는다는 거야. 예를 들어 잔디를 깎는 사람은 정부에는 잔디 깎는 사람으로 등록이 되어 있기 때문에 공식적으로 무슨 일을 하느냐고 물었을 때 잔디 깎는 일을 한다고 대답해야 하는 거지.

이처럼 쿠바는 공산주의를 표방하지만 결국 경제는 블랙마켓에

크게 의존하며 자본주의식으로 돌아가고 있지. 결국 이건 공산주의가 현실에서는 불가능하다는 걸 반증하는 것 아닐까? 그래서 난 공산주의는 꿈, 하나의 이상일 뿐이라고 생각해.

체 게바라의 나라?

불가능에 도전하며 꿈을 버리지 않는 세기의 이상주의자, 20세기의 가장 완전한 인간 등 이 사람을 나타내는 수식어는 참 많아. 내 한국 친구는 그를 자신의 정신적 지주라고도 불러. 세계 사람들이 쿠바 혁명의 대표 주자로 기억하는 인물, 바로 체 게바라 (1928~1967)야.

쿠바는 잘 몰라도 체 게바라를 아는 사람들은 참 많아. 너희 중에도 이름은 몰라도 그의 얼굴을 아는 사람은 많을걸? 티셔츠 또는 컵에서 봤을지 몰라. 아르헨티나 사람이지만 쿠바를 대표하는 인물이 될 수 있었던 건 그가 쿠바 혁명에 참여했었기 때문이야.

체는 '돈과 명예보다는 인간애와 이상을 좇았던 세기의 이상주의 아이콘'이 되어 세상을 떠난 뒤에도 많은 이의 가슴에 남게 되었어. 그를 존경하고 따르는 사람들은 자연스럽게 쿠바를 방문하게 됐지. 2007년 처음 쿠바를 방문한 내 친구도 쿠바에 가고 싶었던 이유가

"체가 밟았던 땅을 밟고, 그가 마신 공기를 마시기 위해서"였대. 이렇게 체는 쿠바와 외국인들을 이어 주는 다리 역할을 하고 있어.

내가 다닌 고등학교 이름도 에르네스토 체 게바라였어. 학교에는 체 게바라의 사진들이 가득했지. 고등학교 3년 내내 난 그의 얼굴에 둘러싸여 공부를 한 셈이야. 체 게바라가 자신의 정신적 지주라고 말한 그 한국 친구도 처음 나를 만났을 때 물어본 질문이 "너도 체 게바라 좋아해?"였어. 난 대답했지. "아니!"라고.

한국에서 만난 사람들 대부분은 꼭 나에게 이 질문을 했어. 그리고 내가 아니라고 대답하면 다들 놀랍다는 반응을 보였지.

체 게바라가 피델 카스트로와 함께 쿠바 혁명에 기여하고 그 후에도 쿠바 혁명을 유지하고 발전시키기 위해 힘쓴 사람이라는 건 알지. 산업부 장관, 쿠바국립은행 총재로 있으면서 쿠바 경제를 위해 일했다는 것도 말이야. 학교에서 아주 많이 배웠거든.

하지만 나에게 그는 교과서에서 배운 역사 인물들 중 하나일 뿐이야. 또한 혁명 이후 만든 체제들에서 비롯된 쿠바의 어려운 상황들에 대해 책임을 물어야 하는 사람들 중 한 사람이고 말이야.

물론 체 게바라를 좋아하는 쿠바인들도 있어. 하지만 외국에서 생각하는 것만큼 쿠바를 대표하는 인물로는 보지 않지. 사람들이 체 게바라 티셔츠 등 관련 물품을 팔긴 하지만, 그를 존경해서라기보다

쿠바 혁명의 상징 체 게바라.
하지만 외부인들이 갖는 그 꿈의 이미지는 쿠바의 현실과는 꽤 다르다.

는 먹고살아야 하기 때문에 이용하는 거라 생각해. 오히려 쿠바인들이 생각하는 쿠바를 대표하는 인물은 체 게바라가 아닌 호세 마르티거든.

그리고 호세 마르티와 더불어 모든 쿠바인의 추앙을 받는 인물이 있어. 살아생전에 체 게바라와 진한 우정을 나눴던 쿠바인 카밀로 시엔푸에고스 Camilo Cienfuegos (1932~1959)야.

쿠바에서 "체 게바라를 좋아하세요?"라는 질문에 그렇다고 대답하는 사람은 절반 정도인 반면, "카밀로 시엔푸에고스를 좋아하세요?"라는 질문에는 거의 모두 그렇다고 대답할 거야. 카밀로 시엔푸에고스 하면 밀짚모자와 사람 좋은 미소가 떠올라. 그는 모든 국민들을 자신의 형제자매처럼 대했고 국민들 또한 그를 옆집에 사는 이웃처럼 가깝게 생각했어. 엉뚱하고 다혈질에 낙천적인 그의 모습을 보면 쿠바인들은 자신들의 모습을 보는 것 같아서 친근감을 느낄 수 있었지. 반면 체 게바라는 약간 거리가 느껴지는 지도자의 모습이라고나 할까? 성격이 이렇게 다른 체와 카밀로가 친구인 것도 사람들의 관심을 끌었어.

쿠바라는 나라는 체 게바라에 의해 세계에 알려졌어. 그는 죽었지만 여전히 외국인들은 쿠바 하면 체 게바라를 떠올려. 이 책을 읽는 친구들에겐 체 게바라라는 인물이 낯설게 느껴지겠지만 부모님들은 거의 다 알고 계실 거야. 그가 정확히 어떤 업적을 이뤘는지는 몰라도 체 게바라가 상징하는 '불가능으로의 도전' 정신은 많이 알고 계실걸?

전 세계적으로 체 게바라는 혁명, 이상주의자라는 말들로 묘사되지만 난 약간 다른 관점에서 그를 바라봐. 체 게바라가 쿠바 혁명에 기여하고 업적을 쌓은 것과는 별개로 그가 죽어서까지 여전히 이렇게 자국민이 아닌 외국인들에게 쿠바를 대표하는 인물로 추앙받는 게 하나의 치밀한 작전처럼 느껴지거든. 왜 그렇게 느껴지는지 내 생각을 한번 들어 볼래?

자, 쿠바를 하나의 기업으로 보는 거야. 그 기업의 마케팅, 판매, 수익 등 모든 것을 총괄하는 CEO는 피델 카스트로, 그리고 그 기업의 가장 대표적인 브랜드가 체 게바라인 거야. 그 '체 게바라'라는 브랜드로 수많은 '상품'이 생산되고 있는 것이지. 그 상품들이란 눈으로 보이는 물건(옷, 책, 그림 등)에서부터 혁명과 같은 눈으로 보이지 않는 것들도 포함하고 있어.

즉 쿠바 정부는 체 게바라의 이미지를 팔아 생겨나는 소득으로 쿠바 체제를 유지하고 있다는 생각이 들어. 또한 쿠바 정부가 반세기 동안 강조하는 그 혁명 사상을 체 게바라라는 아이템을 통해 세계로 수출하고 있는 것 같고 말이야. 그 수출의 효과는 바로 쿠바를 찾는 관광객의 숫자로 평가되는 것이지. 어때, 뭔가 좀 그럴듯하게 들리지 않아?

그래서 난 쿠바 혁명을 옹호하지는 않아. 나와 의견이 다른 사람도 많을 거야. 그리고 난 그들이 틀렸다고 생각하지 않아. 이 세상에 절대적인 정답이란 존재하지 않으니까. 다만 내가 말하고 싶은건, 난 제도나 사회적인 규칙보다는 '사람'을 믿는다는 거야. 내 친구, 내 가족, 나를 존재하게 하는 그리고 쿠바를 구성하는 실질적인 존재들 말이야. 그래서 쿠바를 대표하는 건 혁명도 아니고, 체 게바라도 아닌 바로 평범한 사람들과 이런 사람들이 이뤄 낸 문화라고 생각해.

쿠바의 심각한 경제난의 주범이 있다고?

쿠바의 경제가 혁명 전보다 더욱 어려워진 계기는 바로 소련의 붕괴야.

2차 세계대전 이후 미국과 소련은 서로 다른 이념을 내세우며 냉전의 양대 산맥을 이루고 있었어. 미국이 자본주의의 대표라면 소련은 공산주의의 대표였지. 소련과 같은 노선을 걸었던 쿠바는 혁명 이후부터 전적으로 소련에 의지하기 시작했어. 음식부터 생활용품,

옷, 자동차 등 거의 모든 것을 소련의 물자로 해결했지. 쿠바 사람들은 소련 물건을 세상에서 제일가는 것으로 여겼어. 그리고 그렇게 대단한 나라 소련이 영원히 쿠바의 버팀목이 되어 줄 거라 믿었지. 하지만 1991년 소련이 붕괴되자 쿠바 정부는 무능력해지고 말았어. 그리고 정부에 더 이상 의지할 수 없는 국민들은 스스로 생존 방법을 찾기 시작했지.

우리 집도 당연히 큰 타격을 받았고 변화가 시작됐어. 소련이 무너지기 전까지 우리 집은 적어도 먹고사는 걱정은 하지 않았어. 아빠는 혁명 정신을 제일로 여기신 분이었어. 혁명 사상을 믿고 따르면 정부가 국민을 보호하고 필요한 모든 것들을 충족시켜 줄 거라 믿었지. 하지만 소련이 무너진 후 무능한 정부를 보고는 아빠는 스스로 미래를 준비해야겠다고 생각하셨어.

도시로 음식이 공급되는 시스템이 사라지자 도시 사람들은 당장 먹을 것부터가 문제였어. 음식은 있었지만 턱없이 부족했지. 처음에 아빠는 다른 분들과 함께 시골로 내려가서 작물을 얻어 오셨지만, 얼마 지나고부터 직접 작물을 재배하기 시작하셨지. 많은 쿠바인이 아빠와 같은 생각을 하게 됐고 이때부터 쿠바의 자급 재배가 싹트기 시작했어.

아빠는 작물을 직접 재배한 뒤 본격적으로 돼지 사육을 시작하셨어. 뒤뜰의 빈 공간에 돼지 사육장을 만들었어. 돼지를 기르고 팔면서부터 우리 집의 형편도 조금씩 나아지기 시작했어. 내가 열다섯 살 때부터 스물다섯 살 때까지 돼지 사육을 도와 드렸으니까 10년은 키운 셈이지.

나와 동생도 돼지 키우는 일을 거들어야 했어. 아빠는 혼자 할 수도 있지만 가족의 일이기 때문에 가족 모두가 일을 나누어 맡아야 한다고 말씀하셨어. 냄새나는 돼지우리를 매일 치워야 하는 일이 처음엔 너무 싫었지만, 어차피 해야 하는 거 즐기자고 생각했어. 동생이랑 누가 먼저 더 빨리 치우나 시합도 했었어. 그래도 나중에 한국에 왔을 때 가장 먼저 든 생각은 '드디어 돼지우리에서 해방이구나.'라는 사실은 부인할 수 없겠다!

식량 문제만큼 심각했던 것 중 하나가 시도 때도 없이 반복되는 정전이었어. 소련이 무너지기 전 쿠바 사람들은 전기를 아껴 쓰지 않았어. 하루 종일 텔레비전을 켜 놓고 있는 집이 많았지. 소련이 붕괴되자 석유 공급이 눈에 띄게 줄었고, 전기 공급도 많이 힘들어졌지. 거의 매일, 하루 몇 시간씩 정전이 됐어. 하루에 20시간 넘게 정전이 될 때도 있었어. 정전이 너무 잦아서 사람들은 "앗! 정전됐다!"라는 말보다 오히려 "앗! 불 들어왔다!"라는 말을 더 많이 하곤 했지.

창조의 원동력은 결핍

곡물 배급이 중단되고 식량이 부족해지자 집집마다 뒷마당 또는 발코니에서 작물을 기르기 시작했다고 했지? 사람들은 또 새로운 음식을 개발하기 시작했어. 고기를 쉽게 구할 수 없었기 때문에 감자, 고구마 등으로 고기 맛이 나는 음식을 만들었지.

음식만 창조하고 개발한 게 아니야. 사람들은 손에 잡히는 모든 것을 동원해서 새로운 물건들을 만들어 냈어.

우리 동네 아주 유명한 차량 정비사 아저씨가 있었어. 근데 정말 신기한 건 이 아저씨는 예전에 정비 기술을 한 번도 배운 적이 없는 분이라는 거야. 차하고는 거리가 멀었던 분이지. 하지만 상황이 아저씨를 훌륭한 기술자로 만들었어. 아저씨는 관찰하고 궁리하고 이것저것 접목해 보고 많은 노력 끝에 그 기술을 터득할 수 있으셨대.

나 역시 웬만한 건 직접 만들었어. 컴퓨터 부품들을 구해 나의 첫 컴퓨터를 조립했어. 하지만 전원을 켤 때마다 앉아서 두 다리를 들어야 했지. 다리가 땅에 닿은 채로 전원을 켜면 '찌리리!' 감전이 됐거든. 난 전문가가 아니었으니까 전류가 흐르는 방향까지 고려할 수 없었어. 컴퓨터가 작동한다는 게 가장 중요했지. 오싹한 일이긴 해도 이 이야기를 할 때마다 웃음이 나는 걸 보면 재미있는 경험이었어.

어떤 아저씨는 선풍기와 냉장고 부품을 조합하고 또 어떤 아주머니는 세탁기와 선풍기를 합체해서 신기한 물건들을 떡하니 세상에 내놓았단다. 미국의 오래된 중고 자동차가 택시로 변하여 아바나 거리를 다니는 모습도 쉽게 만날 수 있어.

쿠바 사람들은 왜 이렇게 새로운 물건들을 만들어 냈을까? 경제가 어려워 거의 모든 것을 자급자족해야 했던 이유도 있었지만, 혁명 후 사회주의 및 독재 체제에서 표현의 자유를 억압당했기 때문이기도 해. 획일화된 시스템 안에 살다 보니 자신만의 개성, 독특함을 표현할 기회가 많지 않았지. 그런 욕구가 창의적인 발명으로 나타난 것이 아닐까?

예를 들어 나와 친구들은 각자 나름대로 특이한 옷을 만들어 입는 걸 좋아했어. 나는 반팔 티셔츠를 접고 접어서 모자를 만들어 쓰고 다녔고, 내 친구들은 티셔츠를 자르고 붙여서 전혀 새로운 옷을 만들기도 했어. 때론 겹겹이 옷을 입을 때도 있었고, 언밸런스 스타일을 만들어 내기도 했지. 남들과는 다른 나만의 개성을 표현하고픈 욕구를 패션이나 그림을 통해 드러냈던 것 같아.

또한 쿠바의 모델이었던 소련이 그렇게 무너지는 모습을 보고 난 뒤 더 이상 쿠바인들은 어떤 모델을 만들어서 그것을 닮아야겠다는 생각은 덜 하게 됐어. 그 대신 자기만의 방식을 창조해 나가면서 정체성을 찾으려는 자세가 더 강해졌다고 생각해.

소련 붕괴 후 '특별 시기'라고 불리는 이 시기가 너무나 혹독한 시기였던 건 맞지만 또 다른 시각으로 보면 쿠바의 완전한 자립이 시작된 의미 있는 시간이기도 해.

만들어야 했기에 무엇이 필요한지 관찰해야 했고, 실패해도 다시 시도해야 했어. 한국에서는 인터넷 포털 사이트에 검색어만 치면 관련 정보가 순식간에 눈앞에 나타나지? 쿠바에서는 인터넷에서 필요한 정보를 얻는다는 건 불가능한 일이었어.

부족하고 제한적인 상황에서 해결책을 찾기 위해 사람들은 궁리하고 또 궁리해야 했어. 오로지 실전에서 시도해 보고 실수를 통해 지혜를 쌓고 경험을 축적해 나가야 했지. 그렇게 하지 않으면 살아갈 방법이 없었으니까. 하지만 신기하게도 이런 힘든 시간 덕분에 쿠바인들의 창의력이 더 빛나게 되었어. 환경이 혹독할수록 인간의 창의력은 더욱 빛나는 법이니까.

예전 우리 동네 친한 형 중 한 명은 뭐든지 뚝딱 잘 고쳐서, 그 형을 찾아오는 동네 사람들의 발길이 끊이지 않았어. 휴대전화, 라디오, 컴퓨터를 가리지 않고 그 형은 전문가처럼 잘 고쳤지. 특별히 사용 설명서가 있는 것도 아닌데 말이야. 그 모습이 너무 신기해 어느 날 형에게 물었어.

"형은 어쩜 그렇게 뭐든지 잘 고쳐? 비결이 대체 뭐야?"

형은 내 머리를 쓰다듬고 웃으며 말했어.

"비결 같은 건 없어. 그냥 해 보는 거야. 안 되면 될 때까지. 실수하면 또 거기서부터 다시. 그냥 쭉 해 보는 거야."

그때는 형이 거짓말을 한다고 생각했어. 자신만의 비법을 전수해 주기 싫어서 말이야. 하지만 그때보다 몇 배는 더 자란 지금은 그때 형의 말이 이해가 가. 비단 쿠바에만 적용되는 말은 아닐 거야.

요즘은 잘 먹고 잘 입고 풍요롭게 살아서 그런지 무엇인가에 대한 간절함이 부족한 것 같아. 어느 하나를 이루려고 할 때 실패와 좌절을 마땅히 받아들이기보단 목표를 달성하는 데 방해물로 여겨. 그래서 그 자리에서 포기하거나 아예 시도조차 안 하는 사람들이 많은 것 같거든.

쿠바를 봐. 아무것도 없는 상태에서 그래도 지금 이렇게 성장을 했잖아. 여전히 경제나 정치적으로 뛰어나진 않지만 만약 그때 소련이 무너진 후 쿠바가 앞으로 맞닥뜨릴 위기들이 두려워 또 다른 보호막을 찾으면서 스스로 일어날 시도를 하지 않았다면 지금의 쿠바는 존재하지 않았겠지.

이제부터 친구들도 힘들 때면, 아무것도 없는 상태에서 하나하나 시작한 쿠바를 생각하렴. 그리고 그 혹독한 시간이 쿠바인들의 예술적인 혼을 살찌우고 창의력을 키운 시기였다는 것을 꼭 기억했으면 좋겠어. 만약 지금 힘든 일을 겪고 있다면 자신에게 이렇게 말해 줘.

"내가 지금 겪고 있는 이 힘든 일 또한 내 안의 어떤 능력을 살찌우기 위한 시간일 거야."

4장

한국에서 살며

쿠바에서 한국을 만나다

지금까지 나의 쿠바 이야기를 들으면서 궁금해했을지도 몰라. 나와 한국의 인연에 대해서 말이야. 그리고 난 지금 한국에서 뭘 하는지도 말이지.

이 책을 거의 다 써 갈 때쯤 갑자기 생각이 났어. 내가 처음 한국을 접한 게 어릴 적 동네에서 본 영화였다는 걸 말이야. 바로 「홍길동」이란 영화였어. 당시엔 중국 영화인 줄만 알았지. 북한 영화라는 사실을 이번에 인터넷에서 검색을 해 보고 알게 됐어.

그때 쿠바에서 「홍길동」의 인기는 굉장했어. 난 스무 번은 더 본 것 같아. 나뿐만 아니라 우리 동네 사람들도 나처럼 몇 번이고 반복해서 봤지. 영화를 보러 극장에 갈 때면 발 디딜 틈 없이 항상 만원이었어. 이 영화를 통해서 아시아에 대한 나만의 이미지와 생각이 처음 생긴 것 같아. 이 이야기를 들은 한국 친구는 자기도 모르는 한국 영화(비록 북한 영화라 할지라도)를 쿠바인인 내가 알고 있다고 아주 신기해했어.

그다음으로 한국을 만난 건 대학 다닐 때였어. 그때 가장 친한 친구가 한국계 쿠바인이었는데 그 친구는 한국에 대해 여러 가지 이야기를 들려줬어. 아시아 문화에 관심이 많았던 난 친구의 이야기가 흥미로웠어. 그러던 어느 날 친구가 내게 한글을 보여 줬어. 글자의 모양들이 아주 신기했어. 그 친구에게 한국에서 배운 거냐고 물었더니 어느 한국 단체에서 운영하는 한글학교에서 배웠는데 그 학교가 바로 쿠바 아바나에 있다는 거야!

난 바로 가서 등록을 하고 한글의 자음과 모음을 배웠어. 한글은 쉽고 재미있었어. 그 뒤 친구와 난 학교 디자인 프로젝트에서 한글을 주제로 한 작품을 만들었어. 내가 한글학교에서 한글 말고 또 뭘 배웠는지 알아?

"꼬부랑 할머니가, 꼬부랑 고갯길을 꼬부랑 꼬부랑 넘어가고 있네."

"나비야 나비야 이리 날아오너라……."

바로 한국 동요야. 내가 이걸 쿠바에서 배웠다고 한국 친구들 앞에서 불러 줄 때면 다들 무척 신기해했어.

모든 것은 한꺼번에 온다고 했던가? 한창 한글을 배우고 한국 동요를 배우던 때 친구가 한국 여자 친구를 소개시켜 줬어. 한국어로 대화했냐고? 아니! 난 당시 가장 기본적인 한국어만 할 수 있었어. 나의 한국어는 서툴렀지만 다행히 그녀의 스페인어가 유창해서 의사소통하는 데는 문제가 없었어.

인생의 새로운 챕터가 열리다

그 뒤 한국에 두 번 정도 가게 됐어. 한국에서 열린 페스티벌에 초청받았거든. 초대를 받아서 간 것도 있었지만 여자 친구를 보고 싶은 마음이 더 컸어. 그렇게 계속 관계를 이어 나갈 무렵 대학교를 졸업할 시기가 다가왔어. 당시 난 디자인을 전공하고 영화를 공부하면서 관련 분야에서도 어느 정도 경력을 쌓은 상태였어. 그리고 좀 더 넓은 곳에서 많은 것을 경험해 보고 경력도 쌓고 싶다는 바람도 있었지.

평소 아시아에 관심이 많던 나에게(아무래도 그 「홍길동」 때문일까?) 아시아는 쿠바의 역동적이고, 소란스럽고, 시끌시끌한 분위기와는 대조적으로 평화롭고, 고요하고, 존중이 묻어나는 느낌이었어. 한국에 이미 두 번 가 본 경험이 있었기 때문에 난 한국에 가서 살기로 결심을 했지.

한국에 대해 아는 거라곤 전혀 없었어. 남과 북이 나뉘어 있다는 정도? 그리고 한글학교에서 배운 기본적인 인사말 정도였지. 한국에서의 시작은 쉽지 않았어. 생김새, 언어, 문화, 음식 등 모든 게 달랐고 아는 사람도 없었으니까.

다른 건 어느 정도 견딜 만했는데 '혼자'라는 사실이 조금 힘들었어. 나를 응원해 주고 지지해 주는 가족들과 친구들이 한국엔 없었으니까. 시간이 지나면서 친구들을 사귀긴 했지만 그래도 맘을 툭 터놓을 수 있는 정도는 아니었기 때문에 문득문득 외로움이라는 바람이 날 흔들어 놓을 때가 있었지.

하지만 한국에 온 걸 후회한 적은 없어. 새로운 도전을 원했고, 나의 선택에 따라오는 모든 결과들을 맞이할 각오가 되어 있었거든. 외로울 때마다 그리고 어쩌다 힘든 일이 생길 때면 난 그 상황을 원망하기보다는 이렇게 말했지.

"모든 일엔 다 이유가 있는 법! 그래, 지금 난 더 강해지고 지혜로워지고 있어."

한국 그리고 음식을 만나다

한국 음식에 적응하는 건 꽤 힘들었어. 쿠바 음식은 강렬한데 한국 음식은 너무 순한 느낌이었거든. 매운 음식은 빼고 말야.

하지만 시간이 지나면서 자연스레 음식에 적응해서, 이제는 한국 음식이 없으면 못 살 지경까지 되었지. 친구와 함께 프랑스에 갔을 때도 친구에게 한국 음식이 먹고 싶어서 빨리 한국에 가고 싶다고 말했어. 심지어 가족들을 만나러 쿠바에 갔을 때도 '아, 한국 음식 먹고 싶다……'라는 생각이 계속 머릿속에 맴돌았다니까. 이제는 쿠바의 맛보다는 한국의 맛을 더 좋아하는 사람이 된 거지.

한국 음식에서 내가 가장 좋아하는 게 뭔지 알아? 바로 반찬이야. 음식 하나를 시켜도 함께 나오는 다양한 반찬들이 좋아. 여러 가지 음식을 맛볼 수 있어 좋고 또 다른 사람들과 나눠 먹을 수 있어서 좋아.

난 한국의 나눠 먹는 문화가 참 좋아. 어릴 적 나를 생각하면 도저히 상상할 수 없는 일이기도 해. 그때 난 누가 내 음식에 한 번이라도 손대면 안 먹겠다고 숟가락을 놓는 아이였으니까. 더군다나 쿠바에서는 한국처럼 나눠 먹는 문화가 없기 때문에 처음에 그 모습이 낯설기도 했지. 특히 처음 찌개를 같이 먹을 때가 힘들었어. 약간 거북스러웠다고 해야 할까? 하지만 이 역시 시간이 지나면서 적응해서 이제는 아무렇지 않을 만큼 편안해. 따뜻하기도 하고. 한마디로 멋있어! 한국의 나눠 먹는 문화는 말이야.

한국에 와서 아는 외국 친구와 잠시 영어 도서관을 운영한 뒤 고등학교에서 스페인어 교사로 1년 정도 일했어. 그리고 짬짬이 부업으로 살사를 가르쳤어. 난 학생들이 좋았고, 학생들도 나를 좋아하며 잘 따랐지만 가르치는 일은 내 적성에 맞지 않았어. 수입도 좋고 안정적이었지만 그보다 더 중요한 흥을 느끼지 못했다는 거야. 더군다나 난 쿠바에서 디자이너로서 일한 경력을 한국에서 계속 이어 가고 싶었기 때문에 가르치는 일에 온전히 열정을 쏟을 수 없었던 것 같아.

나는 동양 철학 및 사상에 관심이 있어. 특히 "채우고자 한다면 먼저 비워라."라는 말을 좋아해. 디자이너로 일하자고 결심하고 첫 번째로 한 일은 교사 일을 그만두는 일이었어. 그 일을 계속하고 있으면 디자이너로서 일하기 힘들 것 같았거든. 생활비를 벌어야 했기 때문에 살사를 가르치는 일은 계속했어. 인터넷을 검색해 가며 외국인 디자이너를 고용하는 업체들을 찾고, 하나둘 일하기 시작하면서 한국에서 디자이너로서 나의 경력을 쌓게 됐어.

하지만 모든 일이 순조롭진 않았어. 얼마 안 가 나에게 첫 슬럼프가 찾아왔어. 일도 없고, 수입도 끊기고 기분마저 우울해지고 쓸쓸해졌지. 슬픈 맘이 차오르자 눈물이 흘렀어. 몇 날 며칠을 그렇게 울기도 했어. 굳이 슬픈 마음을 억누르진 않았어. 필요하다고 생각했거든. 아마 그렇게 한 달 정도를 보낸 것 같아. 그 후 천천히 정신이 들기 시작했어. 이렇게 계속 우울해하다가는 나 자신이 피폐해질 것 같았어. 몸과 정신의 건강이 모두 무너질 것 같았지. 그게 내가 가장 경계하는 일인데 말이야.

낯선 나라, 무직, 손안의 돈 10만 원. 그 당시 나의 상황이었어. 하지만 정신을 차리고 다시 일어서야 한다고 생각했어. 내가 가장 먼

저 한 일이 뭔 줄 아니? 현재 나의 상태를 분석하는 일이었어. 냉정하고 객관적으로 말이야. 지금의 내가 어떤지를 알아야 미래에 대한 계획을 세울 수 있으니까.

전 재산 10만 원을 갖고 은행에 갔어. 미래를 대비하기 위해 5만 원은 은행에 저축을 하고 나머지 5만 원은 모두 동전으로 바꿔 집으로 갖고 왔지. 이 5만 원으로 뭘 할 수 있을까를 생각해 봤어. 약 일주일의 생활비는 될 수 있을 것 같았어. '그래, 일주일 동안 굶어 죽진 않겠구나.'라고 생각했지. 그다음 한 일은 수입원을 찾는 일이었어. 일거리 말이야. 일단 이메일을 뒤져 디자인 작업이 필요할 만한 사람들을 골라 연락을 했고, 그중 한 명으로부터 디자이너가 필요하다는 답신을 받았어.

이런 식으로 차근차근 일어나기 시작했어. 그리고 밤에는 클럽에 가서 열심히 춤을 췄어. 거의 입장료가 무료인 클럽만 갔지. 돈을 최대한 아껴 써야 했으니까. 혹시 '돈도 없는데 무슨 춤이람?'이라고 생각하고 있니? 그렇다면 나에게 춤은 남들이 생각하는 단순한 춤 그 이상의 의미를 지니고 있다고 말하고 싶어.

당시 난 우울하고 슬펐기 때문에 그 부정적인 감정을 발산해야 했어. 채우려면 비워야 하듯이 긍정적인 기운을 내 몸에 채우려면 우선 부정의 기운을 없애야 했지. 부정적인 기운을 없애는 데 일등 공신은 바로 춤이야. 모든 건 다 잊고 몇 시간 땀 흘리며 춤을 추다 보면 어느새 난 새로운 에너지로 채워져 있었지. 내가 클럽에 가서 춤을 추는 이유가 이성 친구를 사귀기 위해서라고 생각하는 사람들도 있었어. 천만의 말씀! 그 당시 난 내 입 하나 풀칠하기도 아주 힘들었다고.

그렇게 하루 이틀 일을 해 나가다 보니 어느새 디자인 회사의 대표가 되어 있었어. 디자인, 미디어 콘텐츠(음악, 영상, 그래픽 등) 제작을 하는 회사의 크리에이티브 디렉터까지 겸하게 되었지. 물론 나의 힘만으로는 불가능했어. 주위 여러 사람들의 도움이 있었기에 가능한 일이었지.

한 달여 동안의 슬럼프 때도 그랬고 가끔 작업이 틀어진다거나 혹은 수중에 돈이 없을 때조차 난 '돈' 때문에 걱정하거나 고민하지 않아. 인생에서 잃지 말아야 할 세 가지가 항상 내 머릿속에 새겨져 있어. 바로 일, 건강, 행복이야. 돈은 결과물이라 생각해. 어떤 선택을 했을 때 그 결과로 따라오는 것 말이야. '나의 일을 찾아야지, 건강을 잃지 말아야지, 행복해야지!'가 '돈을 벌어야지.'보다 앞서는 내 삶의 관심사야.

그렇다고 내가 돈을 싫어하는 건 아냐. 나도 돈이 좋아. 어느 누가 돈을 싫어할까? 왜냐면 돈은 나에게 더 많은 가능성과 기회를 주거든. 하지만 내게 돈의 의미는 거기까지야. '돈을 벌어야 행복해진다.'라고 돈을 행복의 '절대적인 조건'으로 보는 게 아니라 내 삶을 조금 더 다채롭게 만들기 위한 '수단'으로 바라보는 거지.

여전히 난 안정적이지 않아. '안정'이라는 게 인간의 삶에 존재하기는 할지 의문스럽지만 말이야. 내가 차린 회사가 망하기도 하고, 일이나 인간관계에서 어려움도 겪었어. 여전히 새로운 문제들은 계속 생겨나고 말이야. 지금 내 삶은 안정과 불안정 중에 어느 쪽이냐고 하면 불안정하다는 게 맞을 거야. 하지만 난 불안정함이 자연의 법칙과도 같다고 생각해. 모든 순간이 안정적이라면 생명은 변화하지도 진화하지도 않았을 거야. 불안정한 상황에 적응하기 위해 매 순간 변화하면서 지금까지 와 있는 거 아닐까? 그 안에 살고 있는 우리의 삶도 마찬가지고 말이야. 그래서 나는 있는 그대로의 현실을 받아들이고 즐기려고 해.

호기심 그리고 수직 구조

가끔 사람들이 물어봐. 한국에 와서 문화 때문에 혹은 외국인으로서 힘들었던 점이 뭐였냐고 말이야. 솔직히 내가 외국인이었기 때문에 부당한 대우를 받거나 힘들었던 적은 없었던 거 같아.

여전히 지하철을 타거나 사람들이 붐비는 곳에 가면 많은 사람들이 나를 쳐다봐. 가끔은 외계인을 쳐다보듯 아주 빤히 바라보는 사람도 있어. 검은 피부에, 밥 말리 같은 곱슬머리를 가진 내 모습이 신기하기도 하겠지. "오로, 괜찮아? 사람들은 뭣 때문에 그렇게 쳐다보는 거냐고!"라고 오히려 같이 다니는 한국 친구들이 기분이 나쁘다고 할 정도였어. 나는 어땠냐고?

전혀 기분이 나쁘지 않았어. 왜냐면 난 그들이 왜 나를 쳐다보는지 이해할 수 있었거든. 날 그렇게 보는 이유는 호기심 때문이었으니까. 아마 나도 쿠바에서 나와 전혀 다른 사람을 마주친다면 똑같은 행동을 했을 거라 생각해.

가끔 내게 무례하게 구는 사람을 만난다거나 불친절한 사람을 만날 땐 말이야(솔직히 지금까지 살면서 그런 경험이 많진 않았지만), 난 '한국이라서 날 이렇게 대하는구나.'라고 생각하지 않고 '오늘 이 사람이 안 좋은 일이 있었구나.' 또는 '이 사람 좀 이상한 사람이구나.'라고 생각해. 그냥 그 개인의 문제라고 말이야. 이 세상 어디에나 있을 수 있는.

'한국 사람은 왜 나만 그렇게 쳐다보는 거야?', '나한테 무례하게 굴다니, 한국에는 인종차별주의자들이 많은가 보다!'라는 생각이 들면 그건 그 사람들의 문제가 아닌 바로 나 자신의 문제라고 생각해.

상황을 그런 식으로 받아들이는 나의 시각과 태도 말이야. 네가 어느 곳에 있는지는 중요하지 않아. 어떤 마음가짐으로 그곳을 바라보는지가 중요하다고 생각해.

호기심으로 날 빤히 쳐다보는 사람들, 가끔 만나는 불친절하거나 외국인을 태우기 싫어하는 택시 기사 분들 모두 다 괜찮아. 이미 말했듯이 그 경험으로 한국의 특징이나 문화를 정의 내리진 않아. 하지만 한국에 살면서 지금까지 맘에 안 드는 부분이 하나 있기는 해.

한국에는 유교 사상이 오랫동안 뿌리내렸다는 걸 알아. 그리고 그 사상 자체는 훌륭하다고 생각해. 다만 유교가 한국 사회에 문화로 뿌리내려 이어져 오다가 변질된 것 중 하나가 아랫사람을 존중하지 않는 태도인 것 같아.

한번은 다큐멘터리를 찍으려고 시위 현장에 참여한 적이 있어. 그곳에서 나이가 많은 어느 사람이 손아랫사람에게 발언권을 주지 않는 모습을 봤어. 주위 사람들은 그 행동을 탓하기보다는 오히려 그 젊은 사람에게 나이 많은 사람의 말을 따르길 강요했지.

스페인어 교사로 일했을 때, 어느 나이 많은 선생님의 부적절한 행동을 보고 그분께 항의를 한 적이 있어. 다른 선생님들은 그 행동이 옳지 않다는 걸 알면서도 쉽사리 그분께 하지 말라는 말을 하지 못했어. 그 선생님 나이가 자신들보다 더 많았거든.

이 수직 구조는 나이가 많고 적음뿐 아니라 지위에도 적용이 돼. 한국에서 한국어를 배울 때였어. 선생님은 나와 나이가 비슷한 분이었지. 수업 중 난 선생님 설명에서 이해가 안 가는 부분이 있어서 왜냐고 물어봤어. 하지만 그 질문에 선생님은 "오로, 그냥 '네'라고 대답해."라는 말로만 일관했어. 나와 다른 외국 친구들은 이해할 수 없었지. 선생님 자신도 몰라서 내 질문에 답을 해 줄 수 없는 상황이었다면 솔직히 내게 모른다고 말해 주는 게 훨씬 나았을 거야. 그런 이유라면 난 충분히 납득할 수 있었을 테니까.

한국에서는 젊은이들의 발언권이 제한되어 있다는 느낌이 들어. 기성세대가 젊은 세대를 존중하고 평등하게 여기는 것이 아니라 통제 및 지시의 대상으로 여기는 경우가 많은 것 같아. 어떤 사람을 대할 때 그 사람의 나이나 지위를 따지기 이전에 동등한 인격체로 대해야 하지 않을까?

내가 만든 또 하나의 우주

떨림, 기대, 두려움, 부담, 책임감, 막막함 등 이 세상에 존재하는 모든 감정이 한꺼번에 나에게 밀물처럼 몰려왔던 때가 있었어. 바로 내 아들이 태어나던 때야. '아빠'가 된다는 사실에 처음에는 기쁨보다는 막막한 감정이 더 컸던 것 같아. 너무나 작은 모습으로 아들이 태어났을 때 내 머릿속은 수많은 생각으로 가득 찼었어. '정말 이 아이가 내 아이인가?' '난 이제 어떻게 해야 하지?' '내가 잘 키울 수 있을까?' '이 하나의 우주를 내가 잘 책임질 수 있을까?'

새로운 일을 구하거나, 새로운 사람을 만나거나, 새로운 곳에 가는 것과는 차원이 전혀 다른 새로움이었어.

하지만 아이와 함께하면서 그런 수많은 질문들이 자연히 해결되는 걸 느꼈지. '아이를 어떻게 하면 잘 키울까?'에 대한 답은 아주 간단했거든. 아이를 관찰하고 아이에게 항상 귀 기울여 주는 것. 이것이 내가 아빠로서 해야 할 전부라는 걸 느끼게 되었단다.

지금 내 기억 속 가장 훌륭한 선생님은 초등학교 저학년 때 만난 선생님이야. 그 선생님은 학생들 하나하나를 관찰하고 귀 기울이셨지. 수업 중에 그림을 그리는 아이를 꾸짖기보단 그 학생에게 그림 숙제를 내주셨어. 쿠바의 어느 유명한 코미디언을 따라 하는 내 모습을 보고는 칭찬해 주시고 다른 학교에 가서 연기를 할 수 있는 기회도 만들어 주셨어. 아이들에게 항상 질문을 던지고 아이들의 대답에 항상 웃음과 따뜻한 포옹으로 답해 주셨어. 그래서 우리들은 어떻게 하면 더 선생님을 감동시킬 수 있을까 하는 궁리를 많이 했어. 그 궁리들은 기발한 아이디어로 자연스럽게 이어졌고.

어른들은 아이들에게 가르치려고만 하지? 아이들이 자신보다 부족하다고 생각하기 때문이야. 하지만 난 오히려 매일 나의 아들에게서 배우는걸. 아이들이 어른들보다 부족한 건 단지 경험과 정보뿐이야. 아이들도 어른들과 똑같이 느끼고 깨닫고 배우고 있어. 굳이 유치한 말과 행동으로 설명하지 않아도 돼. 때론 아이들의 의젓한 대답에 놀랄 때도 많으니까. 어른들이 할 일은 그저 아이들을 자신과 동등한 인격체로 대하고 그들의 말과 행동에 귀 기울이는 거라고 생각해.

나와 아들은 전혀 다른 세계에 살고 있어. 그 세계를 이루고 있는 주변의 환경들도 각기 다르지. 내 아들은 게임하는 걸 좋아해. 난 게임은 딱 질색인 사람이야. 하지만 난 아들에게 무조건 게임을 하지 말라고 하지 않아. 왜 게임을 좋아하고 하고 싶어 하는지 아들의 생각을 들어 보려 하지. 내 입장에서 생각하지 않고 아들의 입장에서 이해하려 해. 그럼 서로 타협점을 찾을 수 있어. 내가 어른이니까 내 명령을 따르라는 식은 아이에게 전혀 통하지 않아. 나의 의견과 아이의 요구를 터놓고 나눈 후에야 모두에게 이로운 해결책을 찾을 수 있는 것 같아.

부모로서 아이들에게 영어를 가르치고 수학을 가르치는 일보다 더 중요한 건 바로 사랑하는 법과 인생을 즐기는 법을 가르치는 일이라고 생각해. 지식과 정보는 아이 스스로 다양한 매체를 통해서 배울 수 있지만 사랑은 받아 보지 못하면 남에게 쉽게 줄 수 없는 거잖아. 그래서 난 매일 아들을 꼭 안아 줘. 잘해서 안아 주는 게 아니라 아무 이유 없이 꼬옥 안고 그저 "사랑해."라고 말해 준단다. 사랑을 가르치는 일, 우리 삶에서 가장 우선시되어야 하는 가르침인 것 같아.

아들은 나의 가장 친한 벗이자 삶에 영감을 불어넣어 주는 뮤즈 같은 존재야. 아이를 사랑하지만 내가 바라는 것을 아이를 통해 이루려 하진 않아. 그건 사랑이 아닌 이기심일 뿐이니까. 아들이 나에게 달려오는 모습만 봐도 난 정말 감동스러워. 저 하나의 거대한 우주가 나를 통해 생겨났다는 사실이 믿기지 않을 정도로 신비스러우니 말이야. 그것만으로 충분히 아이들은 사랑받을 자격이 있는 것 아닐까?

사랑은 표현이야

나와 아들의 이야기를 하니 내가 쿠바에서 처음 아빠의 사랑을 느꼈던 때가 생각이 난다. 친구들은 언제 엄마 아빠의 사랑을 느껴? 생각만 해도 절로 웃음이 나는 순간들을 한번 떠올려 봐. 부모님 사랑에 대한 나의 가장 오래된 기억은 아홉 살 때로 거슬러 올라가.

쿠바 같은 중남미 문화권의 나라에서는 남자는 강인해야 한다는 생각이 일반적이야. 그런 남자들을 '마초'라고 불러. 우리 아빠 스포츠를 무척이나 좋아했어. 그래서 나도 그런 강인한 스포츠맨이 되길 바라셨지. 야구, 축구, 태권도 안 해 본 게 없는데 난 이런 것들이 다 재미없었어. 방에서 책을 읽고 책 속 색깔들을 보고 그림을 그리는 게 더 좋았거든.

그 모습을 쭉 지켜본 아빠는 어느 날 내 앞에 종이와 연필을 들고 오셨어. 그러고는 말없이 앉아서 종이에 엄지손가락을 올리고는 연필로 손가락 모양을 따라 그리셨어. 난 숨을 죽이고 눈을 크게 뜨고 지켜봤어. 아빠가 손을 떼고 그 손가락 모양 안에 연필로 점을 한 번 찍고 선을 한 번 쓱 긋자 순식간에 강아지 한 마리가 생기는 거야. "우아!" 감탄하는 내게 아빠 말씀하셨어.

"오로, 더 이상 너에게 운동을 배우라고 하지 않을게. 아빠 네가 진짜로 좋아하는 게 뭔지 알았거든. 이 강아지 어때, 맘에 드니?"

그때 처음으로 우리 아빠가 정말 멋지다는 걸 알았어. 나를 아빠가 원하는 모습으로 만들려 하기보단 내가 좋아하는 것을 존중하고 인정해 주셨어. 그런 아빠가 있었기 때문에 난 그때부터 더욱 그림에 관심을 가질 수 있게 되었단다.

처음 한국에 왔을 때 난 사람들이 서로에게 화가 난 줄 알았어. 인사할 때도 서로 멀찌감치 떨어져서 고개만 위아래로 움직이거나 손만 살짝 흔드는 거야. 나중에는 그게 하나의 문화라는 걸 알게 됐지만 매일같이 가족들이나 친구들과 안고 뽀뽀하는 나에게는 너무나 낯선 풍경이었어. 너희에겐 이런 쿠바의 모습이 낯설겠지?

살아 있는 생명체에게 촉감은 감정만큼이나 중요해. 가끔은 '사랑해'라는 말 한마디보다 진하고 따뜻한 포옹이 그 깊은 의미를 전달할 때가 있으니까. 하지만 요즘 사람들은 하루 종일 스마트폰만 들여다보느라 가족들이나 친구들을 만지려 하지 않는 것 같아. 몸으로 의사소통하는 방법을 잊어버려서 몸만이 전해 줄 수 있는 온기를 잃어가고 있어.

우리 인간이 그 아름다운 온기를 영원히 잃지 않도록 난 만나는 친구들에게 항상 진한 포옹을 선물해. 언젠가 우리가 만난다면 내가 너도 꼭 안아 줄게. 우린 이미 친구가 됐으니까. 그럼 너는 카리브의 바다처럼 넓은 나의 품에서 쿠바의 태양처럼 뜨겁게 뛰는 나의 심장을 느낄 수 있을 거야! 그럼 너도 눈을 감고 나를 꼬옥 안아 주렴. 내가 너의 심장도 느낄 수 있게 말이야.

가끔은 거울을 들여다봐

맨 처음에 잠깐 말했지만 내 모습은 한국 사람들하고는 많이 달라. 피부도 좀 더 검고, 머리도 많이 꼬불거려.

한국에서 어딜 가나 사람들이 날 많이 쳐다본다고 했잖아. 그렇다고 난 그들과 다른 나의 모습을 한 번도 이상하다고 생각해 본 적은 없어. 그럴수록 난 나 자신에게 더 크게 이야기했어.

"오로! 넌 정말 멋진 애야! 이 세상 누구보다 난 널 더 사랑해!"

신기하게 나 자신에게 더 당당하고 나를 더 사랑할수록 주변 사람들도 나를 사랑하는 것 같았어.

난 내가 잘생겼다고 생각하지 않아. 하지만 난 내 얼굴이 좋아. 그 하나하나가 나라는 사람을 완성해 주는 거니까. 외모는 중요하지만 잘생기고 예쁜 외모가 이 세상을 살아가는 데 필수는 아니야. 생각, 마음가짐, 건전한 정신, 성격도 참 많이 중요하거든. 내가 가진 것을 부정하면 불행해지는 것 같아. 내가 예쁘든 못생겼든(미의 기준은 극히 주관적이지만 말이야!) 받아들이는 거야. 꼬옥 안아 주는 거야. 그러면 내 삶은 더 많은 긍정의 에너지로 가득 채워지는 것 같아. 그래서 생각해. 행복이란 매 순간 하하거리며 웃는 게 아니라 나 자신을 받아들이고 인정하는 거라고.

이 세상에 절대적인 건 없단다. 절대적인 아름다움이라는 것도 없어. 그러니 절대적으로 예쁜 얼굴이라는 것도 없지. 다 그저 다른 사람들의 평가일 뿐이야. 예쁘다고 좋아하고 못생겼다고 싫어하는 건 내 삶이 다른 사람의 평가에 좌지우지되는 거야. 내가 내 인생의 주인인데 그렇게 하는 건 멋지지 않은 것 같아. 그러니 지금 거울 앞에 서서 이렇게 말해 봐.

"넌 충분히 아름다워."

파랑새를 좇기보단 네 자신이 파랑새가 되어 봐

"너의 꿈은 뭐니?"

단숨에 대답하는 친구들도 있을 거고, 머릿속에 온통 물음표만 가득한 친구들도 있을 거야. 꿈이라는 걸 꼭 직업하고만 연결 지어 생각할 필요는 없어. 그리고 단 한 가지의 꿈만을 가질 필요도 없지. 꿈이라는 건 다시 말하면 목표가 될 수도 있는 거고, 네가 하고 싶은 일이 될 수도 있는 거야. 한 가지여도 괜찮고 백 가지여도 괜찮아. 정답은 없거든. 누군가는 너의 꿈을 허무맹랑하다고 생각해도 좋아. 그리고 그 꿈들이 다 이루어질지 아닐지 지금 네가 확신하지 않아도 좋고. 이 한 가지만 너희들이 지킨다면 말이지.

꿈꾸기를 멈추지 않는 것.

즉 자신의 삶에서 계속해서 하고 싶은 것들을 만들어 내는 거야. 그래서 사람들이 "오로, 넌 꿈이 뭐야?"라고 물을 때마다 난 이렇게 대답해.

"내 꿈? 꿈꾸기를 멈추지 않는 것!"

내가 말하는 꿈은 단순히 '~하고 싶다.'를 머릿속으로만 되뇌는 게 아냐. 그건 꿈이 아니라 오히려 환상에 가깝다고 생각해. 내가 말하는 꿈은 바로 행동이야. 단순히 생각에서만 끝나는 게 아닌 그 생각에 숨을 불어넣어 실체를 만들어 주는 거지.

사람들이 자신의 꿈을 단지 머릿속 생각으로만 남겨 두는 이유는 바로 두려움 때문일 거야. 실패할까 두려워 정작 아무런 시도도 하지 않고 가슴 가득 미련만 품고 살아가는 사람들이 많아. 난 친구들이 미련으로 얼룩진 삶보다는 도전해서 실패로 단단해진 삶을 사는 친구들이 되었으면 해.

실패는 절대 실패로만 끝나지 않아. 그만큼의 경험으로 남게 된단다. 맛있어 보이는 음식도 보기만 하면 그 맛이 어떤지 절대 알 수 없잖아? 먹어 봐야 비로소 맛이 있는지 없는지 알 수 있는 것처럼 시도하기 전엔 그 누구도 결과를 알 수 없어. 맛이 있다, 없다 모두 50 : 50의 가능성이라면 굳이 맛이 없을 거라는 결론을 내릴 필요는 없지 않겠어? 일단 앞에 있는 숟가락을 들어 보는 거야!

예전에 한국 친구가 해 준 이야기가 있어. 우린 꿈에 대한 이야기를 하고 있었지.

한 소녀가 있었대. 그 소녀는 바다로 가고 싶어 했어. 그 소녀가 바다를 향해 걸어가는 도중에 말을 타고 도시로 가는 사람이 태워 준다고 제안을 했어. 그 소녀는 자신은 바다로 가는 중이라며 그 제안을 거절했어. 시간이 지나 여인이 된 소녀는 여전히 바다를 향해 걷고 있었지. 이번엔 차를 탄 사람이 자신은 강가로 가는 길이라며 태워 준다고 했지만 여인은 자신이 가는 방향과 다르다며 또 거절을 했어.

시간이 더 지나 노인이 된 소녀는 자신의 앞에 놓인 산을 보게 됐어. 이 산을 넘어야 바다에 도착할 거라 생각해 산을 올라 꼭대기에 다다랐지. 정상에 선 노인은 자신 앞에 펼쳐진 모습 때문에 금세 눈물을 흘리고 말았어. 그녀가 그토록 가고자 했던 바다가 그 산 주위를 빙 두르고 있었기 때문이야. 결국 어느 방향으로 가도 바다에 도착할 수 있었던 거지.

내가 누군가에게 '인생은 이렇더구나!'라고 말할 만큼의 나이는 되지 않았어. 하지만 지금까지 겪어 온 다양한 일들을 통해 배운 것 중 하나는 모든 일은 이어져 있다는 거야. 어떤 일을 이루고자 할 때 사람들은 가장 좋은 방법을 찾느라 시간을 허비할 때가 있어. 한 발짝도 나가지 않고 제자리에서 말이야. 마치 바다로 가려고 다른 사람의 도움은 모두 거절한 소녀처럼.

가장 좋은 방법이란 없을지도 몰라. 결국 한 발 한 발 내딛는 그 길이 바로 너의 최고의 방법이라고 생각해. 내가 가는 길이 남이 가는 길과 똑같을 필요도 없고 그들의 방법이 나에게 최고가 될 수도 없는 거야.

원하는 바가 있지만 도무지 어디로 가야 할지 갈피를 잡을 수 없다면 우선 지금 앞에 놓인 길을 천천히 걸어가 봐. 그러다 보면 손을 내미는 사람들을 만나게 될 거고, 그 손을 잡고 또 다른 길을 걸어가다 보면 너도 모르는 사이 네가 원하는 목적지에 와 있을지도 몰라. 설사 원하는 곳으로 가지 못했다 해도, 도중에 많은 사람들을 만나고 여러 경험을 쌓으면서, 넌 출발 전보다 성장한 자신을 발견하게 될 거야.

나를 봐. 난 내가 한국에 오게 될 줄은 꿈에도 몰랐어. 자라면서 거의 접해 보지 않은 한국이라는 나라에 와서 디자이너로서 일을 하고 새로운 터전을 짓게 될 줄은 상상해 보지 못한 일이야.

이제 난 이곳에서 나의 경험과 능력을 바탕으로 다른 사람을 도와주고 싶다는 꿈을 가지고 있어. 디자이너로서의 경력은 계속 발전시켜 나가고 예술 및 디자인 관련 분야에서 창업하고 싶어 하거나 예술

해 질 무렵 나를 꼭 안아 주던 따듯한 카리브 해.
상상의 세계의 빗장이 풀리던 시간. 내가 행복이라 부르는 그 순간.

가로서 경력을 쌓고자 하는 사람들을 도와주고 싶다는 생각으로 여러 가지 일을 구상하고 있지.

그러니까 인생은 참 재미있다는 생각이 들지 않니?

모든 일들이 예상하는 대로 또는 짐작하는 대로만 움직인다면 우린 이 세계의 빙산의 일각만을 경험하고 끝나게 될 거야. 내가 안정만을 추구했다면 쿠바에서 한국으로 오지 않았을 거야. 이미 쿠바에서 나는 안정적인 일을 가지고 있었고 어느 정도 실력도 인정받고 있었으니까. 하지만 그런 안정적인 생활을 유지하는 대가로 새로운 경험과 지식을 얻는 기회를 포기해야 했겠지.

인생은 발견의 연속이라고 생각해. 나를 발견하고 이 세상을 발견하는 것 말이야. 난 어른이 됐지만 여전히 내가 발견하지 못한 수많은 잠재력과 새로운 모습들이 내 안에 있다는 생각이 들어. 내가 발견해 주길 기다리면서 말이야. 한국에 와서 새로운 사람들을 만나고 경험을 하면서 난 내가 모르고 있던 아시아의 새로운 문화를 발견했고 그 문화에 융화되어 가는 나의 모습 또한 발견하게 되었어.

아이처럼 미지에 대한 호기심을 잃지 않고 발견을 통해 새로운 것을 배우려는 자세야말로 내가 지니고 있는, 그리고 살아가면서 영원히 지켜 나가고픈 마음가짐이야. 나이를 먹는 건 슬퍼할 일이 아니야. 절대 거스를 수 없는 우주의 법칙이니까. 우리가 경계해야 하는 건 마음이 늙어 가는 거야. 삶에 대한 열정도, 생기도, 호기심도 없는 감정이 시들어 버린 상태 말이야. 우리 마음만은 늙게 내버려 두지 말자. 나의 마음도 그리고 너의 마음도 언제나 저 파란 카리브의 바다처럼 젊게 빛났으면 좋겠다.

드디어 책을 내게 됐네요. 아직까지 내가 책을 썼다는 사실이 믿기지 않지만 말이에요. 한국말이 아직 많이 서툴러 한국 친구와 함께 작업을 하게 됐고, 그 친구와 맘이 잘 맞아 오랜 시간 작업하면서도 큰 어려움이 없었다는 데 고마움을 느낍니다.

글을 완성하고 출간 준비를 하는 동안 세간의 이목을 끄는 뉴스가 하나 있었죠. 바로 쿠바와 미국의 관계 정상화. 반세기 넘게 삐걱대던 두 나라가 드디어 조금씩 가까워지겠노라 발표를 했죠. 경제나 정치적 관점 외에도 두 나라 간에는 가족 간의 헤어짐이라는 아픈 역사가 있어서 상처가 아물어 가는 데에는 시간이 좀 걸릴 테지만 일단 어떤 시도든 긍정적이라 생각해요.

책을 쓰면서 거창한 목적을 갖진 않았지만 이 책을 읽는 사람들이 '다시 꿈을 갖게 되면 좋겠다.'라는 생각을 항상 간직하고 작업했어요. 청소년들은 내 안의 나를 탐구하고 발견하는 시간을 갖고, 어른들은 잃어버렸던 유년 시절의 나와 만나는 계기가 됐으면 하는 바람이에요. 현대인들은 너무 불안해하며 살아가고 있잖아요. 유년 시절 내가 가졌던 꿈, 나를 행복하게 했던 상상의 세계 그리고 그 안에서 나와 우주의 긴밀하고 비밀스러운 교감 같은 것들은 다 잊은 채 그저 하루하루 치열한 전쟁터에서 살아남기 위해. 그렇게 지친 어른들은 이 책을 읽는 잠시 동안이라도 다시 유년 시절로 돌아가 모든 게 가능했던 나 자신과 만나는 시간을 갖기를 바랍니다. 그 유년 시절의 나를 마음 한쪽에 항상 간직하고 지냈으면 좋겠어요.

책을 쓰기 위해 나의 어린 시절부터 지금의 시간까지 쭉 돌이켜보며 느낀 게 있어요. 감사함이었습니다. 마치 오로라는 한 권의 책을 장별로 하나씩 자세하게 읽어 내려가는 기분이었어요. 내 삶을 들여다보며 예전에는 몰랐던 부분들을 발견하게 되고 또 지나온 삶에 대해, 현재 살아가는 삶에 대해 그리고 나 자신에 대해 감사함을 느끼게 되었죠. 그것만으로도 전 이미 이 책을 쓰며 얻은 게 많다고 할 수 있어요.

마지막으로 이 책을 제 아들에게 바치고 싶습니다. 아직 아들이 이 책을 읽고 이해하기엔 어린 나이지만 언젠가 이 책을 읽고 아빠를 조금은 더 잘 알 수 있었으면 좋겠어요.

2015년 6월
오로

***

어느 날 오로가 전화를 해서 대뜸 "나랑 책 같이 쓸래?"라고 했습니다. 어리둥절했지만 거절하고 싶지 않은 달콤한 제안이었죠. "우리가 할 수 있을까?"라는 불안함으로 시작했지만 지금까지 올 수 있었던 이유는 결국 즐거움이 컸기 때문이었던 것 같아요.

오로는 한국어가 서툴고 저는 스페인어가 서툴러 대화는 영어로 하고 그 대화 내용을 녹음했어요. 그리고 전 녹음된 대화 내용을 들으며 그것을 바탕으로 글을 쓰는 형식으로 작업을 했습니다. 혹여 영어로 된 말을 내가 잘못 이해하고 옮기면 어쩌나 하는 마음에 같은 내용을 여러 번 반복해서 들은 적도 많아요. 같은 언어였다면 이보다 좀 더 쉬웠겠지만 그래도 보람되고 특별한 경험인 것 같아 그 고된 작업들도 큰 추억이 됐습니다.

오로의 이야기를 들으면서 저도 제 자신을 돌아볼 때가 많았어요. 오로가 유년 시절을 이야기하면 저도 제 유년 시절을 돌이켜 보고, 꿈에 대해 이야기할 땐 제 마음속 꿈도 들춰 보곤 했습니다. 오로의 이야기를 들으면 깜짝깜짝 놀랄 때가 많았어요. 지구 반대편에 살고 있던 이 친구와 내가 가지고 있는 생각이 참 닮았기 때문이죠. 그래서 그의 이야기를 제 언어로 표현하는 데 크게 어려움이 없었던 것 같습니다. 내용을 이해하고 공감하기에 언어는 다르지만 큰 어려움 없이 활자로 표현할 수 있게 됐던 것 같아요.

또 쿠바를 좋아하는 열정으로 작업에 동참했습니다. 쿠바 여행을 두 번 다녀왔는데 다녀오고 나서 항상 아쉬움이 남았어요. 그 순간이 마지막인 것처럼 즐겼어야 했는데 그러지 못했거든요. '이는 분명 쿠바가 날 계속 보고 싶어서 그런 거다.'라고 나 스스로를 위로하며 언젠간 또 쿠바를 가겠노라 생각하고 있습니다.

이런 좋은 기회를 준 오로에게 가장 먼저 고맙다는 말을 전하고 싶어요. 쿠바, 그리고 나를 있게 해 주는 모든 이들과 이 책을 나누고 싶습니다.

2015년 6월

김경선

박정은

영국 센트럴 세인트 마틴 대학에서 그림을 공부하고 어린이 책과 잡지 등에 그림을 그려 왔습니다. 『잊지 마, 넌 호랑이야』 『문화편력기』 『꽃 같은 시절』 『뭐? 공부가 재 밌다고?』 『대화편, 플라톤의 국가란 무엇인가』 등에 그림을 그렸습니다. 동물 관찰하는 것을 좋아하고, 동물 그리기도 잘합니다.

사진 제공

김경선(7쪽 올드 아바나 오비스포 거리 벽화, 9쪽 아바나 말레콘에서 바라본 모로 성 20쪽 센트로 아바나 도로 벽화, 57쪽 오비스포 거리의 벽화, 78쪽 오비스포 거리의 가게)
Wikimedia Commons(33쪽 호세 마르티 동상)
오로(18쪽, 19쪽, 27쪽, 33쪽, 91쪽, 126쪽)

그림

박정은(11쪽, 22쪽, 33쪽, 44쪽, 51쪽, 54쪽, 62쪽, 73쪽, 85쪽, 99쪽, 104쪽)
오로(14쪽, 37쪽, 47쪽, 77쪽, 117쪽)

• '관타나메라'는 쿠바뿐 아니라 전 세계적으로 인기가 있어 다양한 버전이 있습니다.
이 책에 실은 것은 쿠바 가수 호세이토 페르난데스의 '과히라 관타나메라' 버전을 해석한 것입니다.

쿠바 알 판 판 알 비노 비노

2015년 7월 8일 제1판 제1쇄 인쇄
2015년 7월 15일 제1판 제1쇄 발행

지은이 오로, 김경선
그린이 박정은
펴낸이 김상미, 이재민

편집 김세희, 이원담
디자인 달뜸창작실

종이 다올페이퍼
인쇄 청아문화사
제본 광신제책

펴낸곳 너머학교
주소 서울시 종로구 자하문로 100-1 청운빌딩 2층
전화 02)336-5131, 335-3366, 팩스 02)335-5848
등록번호 제313-2009-234호

너머북스와 너머학교는 좋은 서가와 학교를 꿈꾸는 출판사입니다.